BEM-VINDO À CASA

COSTANETO

BEM-VINDO À CASA

TEM COISAS QUE SÓ ACONTECEM NA IGREJA

EDITORA VIDA
Rua Conde de Sarzedas, 246 – Liberdade
CEP 01512-070 – São Paulo, SP
Tel.: 0 xx 11 2618 7000
atendimento@editoravida.com.br
www.editoravida.com.br

©2020, Costa Neto

Todos os direitos desta obra reservados por Editora Vida.

PROIBIDA A REPRODUÇÃO POR QUAISQUER MEIOS, SALVO EM BREVES CITAÇÕES, COM INDICAÇÃO DA FONTE.

Todos os grifos são do autor.

Editor responsável: Gisele Romão da Cruz
Preparação: Sônia Freire Lula Almeida e Maria Jacqueline Taumaturgo Sampaio
Revisão de provas: Josemar de Souza Pinto
Diagramação: Claudia Fatel Lino
Foto: Homerson Barreto
Capa: Levi Leal e Paulo Roberto

Scripture quotations taken from Bíblia Sagrada, Nova Versão Internacional, NVI®.
Copyright © 1993, 2000, 2011 Biblica Inc.
Used by permission.
All rights reserved worldwide.
Edição publicada por Editora Vida, salvo indicação em contrário.

Todas as citações bíblicas e de terceiros foram adaptadas segundo o Acordo Ortográfico da Língua Portuguesa, assinado em 1990, em vigor desde janeiro de 2009.

1. edição: mar. 2020
1ª reimp.: jan. 2022

Dados Internacionais de Catalogação na Publicação (CIP)
(Câmara Brasileira do Livro, SP, Brasil)

Costa Neto
Bem-vindo à casa : tem coisas que só acontecem na igreja / Costa Neto. -- São Paulo : Editora Vida, 2020.

ISBN 978-85-383-0416-6

1. Comunidade cristã 2. Igreja 3. Igreja - Administração 4. Liderança - Aspectos religiosos 5. Vida cristã I. Título.

20-33501   CDD-248.8

Índices para catálogo sistemático:
1. Comunidade cristã : Vida cristã : Cristianismo 248.8
Cibele Maria Dias - Bibliotecária - CRB-8/9427

"Eu edificarei a minha igreja."
Jesus Cristo

"Sempre amei a casa de Deus e, hoje, a CCVideira é para mim um lugar em que vejo Deus na vida das pessoas. Um lugar em que o amor a Deus e o amor por pessoas é palpável. Um lugar que tenho prazer em estar, um lugar que posso ser quem eu sou, uma família, um lugar que vi meus filhos crescerem e onde vejo vidas sendo transformadas. Eu amo essa casa!"

Da minha esposa, *Nenen Costa*

"Para mim, a CCVideira é um exemplo de igreja que vive a realidade do evangelho sendo os pés e as mãos de Jesus na sociedade. Um lugar onde existe um avivamento constante por causa da prática dos princípios da Palavra de Deus. Foi o lugar onde descobri meu amor pela Casa e o lugar onde desenvolvi meu chamado de amar a Deus e servir às pessoas, não só com as mãos, mas com o coração."

Da minha filha, *Andréa Costa Saugen*

"A CCVideira é para mim mais do que uma organização religiosa, é uma família que me aceitou, me acolheu, me desafiou e me levou a crescer em conhecer e viver a vontade de Deus. É impossível quantificar o impacto dessa comunidade na minha vida, apenas sei que sem o que Deus faz através dela eu não teria um relacionamento saudável com Deus hoje em dia."

Do meu filho, *Lucas Costa*

Sumário

Introdução 11

Parte I – A visão
1. A importância de uma visão 17
2. O passado importa 23
3. As etapas de uma visão 27
4. "Ser" vem antes de "fazer" 45

Parte II – Seja bem-vindo!
5. A igreja 53
6. O culto 57
7. Os Grupos de Crescimento (GC) 63
8. A formação de líderes 67
9. A relevância na sociedade 71

Parte III – Somos assim
10. Viver, amar e servir 79
11. Eu vejo 101
12. Criando uma cultura 117

Parte IV – Por dentro da igreja
13. Levantamento de fundos 127
14. Generosidade que transforma 141
15. A igreja administrada com sabedoria 143
16. A igreja guiada pelo Espírito 163
17. As cinco cadeiras 169

Conclusão 175

Parte V – Apêndices

Manual do *Lounge* – "Bem-vindos à nossa casa!" 181

Manual Grupo de Crescimento — GC 187

Manual Videira *Kids* — VK 205

Manual Faça Sua Parte — FSP 228

Manual Ame Seu Vizinho 232

Introdução

Você deve conhecer vários livros sobre igreja e, com certeza, muito deles maravilhosos, mas a pergunta é por que mais um? Pois é, confesso que fiz a pergunta. Cheguei à conclusão que nunca é suficiente o assunto igreja, vamos ter sempre o que aprender.

Mais e mais igrejas surgem e fico feliz pelo que elas contribuem com a sociedade e com o Reino de Deus. Então, escrever sobre igreja passa por essa importância que ela tem e, na minha visão, ver cada vez mais igrejas saudáveis e influentes é uma missão que tenho. O livro vai ajudar e muito!

Procurei ser o mais prático possível e, com isso, não apenas relatei a nossa história e o que somos, mas principalmente gostaria de inspirar você a pelo menos pensar no assunto e verificar o que seja possível aplicar na sua igreja ou organização.

Acredito que, com o passar dos anos, tornamo-nos mais sábios ou pelo menos deveríamos tornar-nos, mas a experiência e os resultados comprovam o que escrevemos aqui. Vale a pena mencionar que jamais o nosso propósito é fazer você se tornar parte da Comunidade Cristã Videira, mas fortalecer o que sua igreja já é e torná-la cada vez mais saudável e relevante.

Na primeira parte do livro, fui intencional no assunto visão porque acredito que tudo começa com ela. Aconselho você a tirar um bom tempo com sua equipe, falar sobre o assunto e construí-la de forma prática, ou seja, escrever, comunicar e lembrar a sua visão. Nossa história e nossa jornada mudaram radicalmente quando fizemos isso. Não queime essa etapa, não pule essas páginas e, muito mais, coloque em prática.

Daí para frente o livro toma uma forma prática, tendo como pano de fundo o que somos e o que fazemos. Cada exemplo é um cenário dos nossos domingos e do nosso dia a dia como igreja. Sugiro que você compare com o que já faz e discuta o assunto com sua equipe. Comparações são ferramentas saudáveis quando elas inspiram mudanças, no sentido de "Poxa! Por que não pensei nisso antes?".

Finalizo o livro colocando assuntos importantíssimos que não vemos e não discutimos em seminários ou conferências, mas tenho certeza que vai ser muito útil na sua formação, bem como na administração de sua organização para deixá-la eficaz, produtiva, organizada e mais leve. Minha passagem pelo mundo corporativo bem como minha formação me deram experiência suficiente para tocar em determinados assuntos que não necessariamente você precisa se aprofundar, mas, no mínimo, precisa ter conhecimento e levar a sério as questões levantadas.

Fiz questão de incluir no apêndice um material que por si só já pagaria o valor do livro. São manuais, formulários, ferramentas preciosíssimas que ajudarão a entender e, principalmente, orientar você e sua equipe a colocar em prática. Permito você copiar, adaptar, utilizar da melhor forma possível. E nem precisa mencionar meu nome, mas ficaria grato se o fizesse, desde já agradeço!

Aqui vai uma sugestão e faço isso constantemente: junte sua equipe e, juntos, leiam como ferramenta de discussão. Acredito que é um exercício valioso e de retorno prático.

Introdução

Embora seja apenas a introdução do livro, quero deixar claro que a CCVideira é fruto da graça de Deus em tudo, principalmente na equipe de colaboradores, voluntários, pastores e líderes que fazem dessa igreja o que ela é. Eu e minha esposa afirmamos que é fácil sermos pastores. Espero que no livro você enxergue que não somos e nem fazemos igreja sozinhos, temos uma equipe maravilhosa, a contribuição dela foi fundamental para que esse livro se tornasse realidade. Toda experiência vivida e colocada aqui é de uma equipe.

Obrigado por fazer parte dessa jornada, eu dei o meu melhor para contribuir na sua formação e, principalmente, na igreja ou na organização que Jesus colocou em suas mãos.

Com amor, *Costa Neto*

Parte 1

A visão

capítulo 1

A importância de uma visão

"Ser uma igreja relevante na sociedade."

"Escreva a visão [...]. Pois a visão aguarda um tempo designado."
Habacuque 2.2,3

Sem dúvida alguma, tudo começa com uma visão, quer ela seja consciente quer não. A grande questão é que nem todos pensam dessa forma e há quem defenda que essa ideia não passa de capricho, algo para segundo ou terceiro plano. No entanto, não custa lembrar que, sem visão, qualquer direção é tida como correta e qualquer mudança de rota tem sentido. O mais comum, porém, é que a ausência de uma visão leva a uma adoção de métodos muitas vezes contrária à cultura da organização.

Conheço a declaração de visão de muitas organizações, mas constato que raramente ela esteja sendo vivida na prática, no dia a dia das pessoas que deveriam ser orientadas por meio dela. Na maioria dos casos, tal declaração significa simplesmente a obrigação de haver algo para dar ao público, interno e externo, ou a aparência de que a organização é realmente bem planejada e de que seus líderes sabem para onde a organização está caminhando.

Bem-vindo à casa

A realidade é que em muitos casos a visão não passa de um capricho de *marketing* em vez de ser a declaração do que uma organização é na essência. Quando as pessoas são questionadas a respeito da visão de uma organização, elas apenas citam uma frase memorizada. Isso quando o fazem! Na maioria das vezes, as pessoas não expressam algo em que realmente acreditam ou algo do qual fazem parte.

A grande dificuldade dos líderes de uma organização, quer filantrópica quer não, é exatamente a construção da visão. Esta não vem como um passe de mágica ou através de uma bola de cristal. Na prática, nenhuma visão traz em si todo o futuro da organização descortinado. Uma visão vem no dia a dia. É fruto de um conjunto de fatores, tais como o tempo, a experiência, a vivência, o conhecimento da "atividade", as pessoas envolvidas, a determinação do líder e, sem sombra de dúvidas, a direção de Deus.

Acredito fielmente que nem todas as pessoas têm uma visão definida para começar um empreendimento, um negócio, uma instituição ou um projeto específico. Muitas pessoas não são honestas consigo mesmas e não admitem que foram chamadas para juntar-se à visão de uma terceira pessoa, visão esta que um dia será delas também.

Conheci gente que se achava visionária sem ter em seu currículo um único projeto bem-sucedido e sem nunca ter iniciado qualquer projeto de êxito. Pessoas que começaram projetos próprios e nunca foram para frente. Por outro lado, quando vejo grandes corporações, observo que o passado de seus líderes foi marcado por projetos que tiveram início, muitas vezes, em colégios, em faculdades, em seus bairros, em sua própria família. E o mais importante: essas pessoas que sempre estiveram um passo à frente possuíam dentro de si um espírito empreendedor, além de uma visão nata.

Não é o caso de ficar triste se você, leitor, nunca começou o seu próprio negócio, a sua empresa, a sua própria igreja ou uma instituição de caridade. Quem sabe sua missão de vida é ser uma coluna para que a visão de outra pessoa seja bem-sucedida. É bem possível que, na construção de outra visão, a sua visão específica seja despertada. Estar à frente de uma organização não faz uma pessoa maior ou melhor que outras. Tudo é questão de tempo, talento, chamado, dom e projeto de Deus.

Por muito tempo trabalhei como executivo em grandes corporações. Sabia que ali era o meu lugar. Nunca tinha em mente abrir o meu próprio negócio. Paralelamente, como pastor auxiliar de uma igreja, servia para fortalecer a visão do meu antigo pastor. Foram necessários vinte e dois anos para que uma visão específica fosse desenvolvida em mim. Como foram preciosos todos aqueles anos de preparação! Sem eles, seria impossível viver o sucesso de hoje.

Sou a favor da história. Líderes sem história, sem passado, sem vivência e sem experiência de vida certamente construirão projetos falidos! Tenho experimentado que a visão divina vem na hora certa. O tempo de Deus é totalmente diferente do nosso; por isso, quando uma visão procede de Deus, ele mesmo se encarrega de construí-la, processá-la e realizá-la.

Escrever a visão faz parte de um processo que somente quem recebeu e concebeu o projeto sabe expressar. Portanto, é preciso entender a importância de saber comunicar essa visão. E isso acontece quando se usa tempo suficiente com as pessoas da organização para que elas sejam parte integrante e importante da visão. Sem isso, a visão perde o sentido e pode dar lugar a qualquer outro projeto com o tempo.

Escrever a visão significa também registrar, de forma clara e ampla, o que está por trás dela; e o mais importante é *conhecer o coração daquele que a recebeu*, fazendo disso uma inspiração para todos os integrantes da organização.

A visão da Comunidade Cristã Videira (CCVideira) é uma experiência que vai inspirar a sua vida. Quantas instituições tiveram importância na construção da minha visão! Li a história da rede de lanchonetes McDonald's, da rede de cafeterias *Starbucks*, da *Apple*, das igrejas *Willow Creek* e *Hillsong*, da Cruzada Estudantil e da Visão Mundial. Todas essas organizações estão cheias de experiências vigorosas, empolgantes e emocionantes. Ainda hoje amo ler sobre organizações bem-sucedidas. Elas colaboram para fortalecer a minha visão pessoal.

Desse modo, não tenho dúvida de que, ao ler sobre a nossa história de vida e sobre a minha caminhada, você será inspirado a prosseguir. Você crescerá em experiência, identificará algo em comum e, quem sabe, agregará muita coisa à sua vida pessoal.

O propósito de escrever a visão da CCVideira tem por objetivo principal fazer conhecidas duas coisas: o meu coração e os bastidores do que fazemos. Espero que, com o passar dos anos, a nossa história venha inspirar muitos a colaborar no Reino de Deus com excelência e eficácia.

Convido você a nos conhecer e verificar *in loco* a nossa visão funcionando na prática. Estar no local, participar das atividades, conversar com as pessoas e sentir a atmosfera do ambiente são experiências encantadoras e inspiradoras. Eu mesmo não economizo esforço e recurso para que a minha visão seja cada vez mais fortalecida, por isso não cesso de conhecer outras instituições, outras pessoas e outros ambientes. Você só saberá o valor de um líder de visão quando estiver ao lado de um!

Deus tem sido fiel em nos visitar e derramar sua presença entre nós! Tenho certeza de que em cada página lida você sentirá algo ardendo no seu coração: é Deus derramando seu Espírito em você e a sua visão sendo expandida!

capítulo 2
O passado importa

Tenho uma convicção interior de que uma visão de Deus é construída ao longo de uma caminhada de preparação. Uma visão suficientemente forte é fruto de uma jornada, não de alguns passos ao longo do tempo. Quando lemos que Deus falou para Habacuque escrever a visão, percebemos claramente que a ação remete a um "tempo contínuo", não a um momento estático e único. Escrever a visão deixa de ser algo comum e sem valor quando se leva em conta a importância de construir uma jornada de vida com Deus.

Quando a visão é respaldada por uma jornada, ela não se perde com o passar do tempo. As organizações que surgem de uma hora para outra, sem que o líder tenha tido uma história de vida, com certeza estão com seus dias contados. Basta observar ao nosso redor que as instituições com trinta, cinquenta ou cem anos de existência são fundadas por líderes que possuem um legado e cuja vida era marcada por uma visão clara e um objetivo traçado. Para conhecer a força de uma instituição, basta inteirar-se da história de seu líder. Em outras palavras, a visão e a história do líder caminham juntas; o desenvolvimento da visão é parte integrante da história de quem a concebeu. Portanto, uma visão funcional e útil não pode ser simplificada em uma frase registrada numa folha de papel.

Tudo começa aqui: diferenciar uma boa ideia de uma ideia de Deus. Quantas vezes eu mesmo tive boas ideias, mas, com o passar do tempo, percebi que não eram ideias de Deus. As ideias que vêm do Pai são cheias de sabedoria, reveladas no coração, buscadas através da oração e do jejum, escondidas nos tesouros eternos. As ideias de Deus não são distribuídas como se fossem folhetos, tampouco reveladas a quem não está disposto a obedecer-lhes. Primeiramente, as ideias de Deus mudam o coração de quem as recebe e depois influenciam outras pessoas. Elas não surgem, simplesmente; elas nascem e se desenvolvem ao longo dos anos. Não é raro que as ideias de Deus se mostrem simples e sem fazer muito ruído; trata-se de pequenas sementes que formarão uma floresta, mas que, de início, são pequenas plantações. As ideias de Deus têm um impacto na eternidade. As ideias de Deus se transformam em construções permanentes.

Fico extasiado quando penso no momento em que recebi de Deus a ordem para começar a CCVideira (adiante contarei em detalhes). Mentiria se dissesse que já enxergava a igreja com milhares de membros. No fundo do meu coração, sabia que daria certo, mas não imaginava o impacto que teria na sociedade. Eu vejo nisso a sabedoria de Deus. Imagine se ele revelasse tudo que aconteceria no nosso futuro. Certamente isso nos mataria de ansiedade e talvez quiséssemos que tudo acontecesse em tempo recorde!

Por isso, não desanime nem se compare com outras organizações. Faça o melhor que está nas suas mãos, hoje e agora, e busque estar no centro da vontade de Deus. A seguir, deixo registrado aqui algo que aconteceu comigo porque creio que ajudará você na sua própria jornada.

Quando Deus chamou Abraão, primeiro ele desenvolveu um tempo de caminhada com aquele que seria o pai da fé. Ao estudar a história desse patriarca, encontro quatro fases importantes da visão de Deus para a vida de qualquer pessoa que deseja ardentemente recebê-la e executá-la. Eu as apresento a você no capítulo 3, a seguir.

capítulo 3

As etapas de uma visão

Fase um
A concepção: a visão dada por Deus

Quando Deus dá uma visão a uma pessoa, não necessariamente ele quer dizer que o tempo para que se torne uma realidade seja aqui e agora. A primeira fase de uma visão é a "concepção", porque é o momento em que a visão é implantada dentro de nós.

Tente visualizar a concepção do ser humano. O momento em que o espermatozoide fecunda o óvulo e forma o zigoto representa com perfeição o momento da concepção de uma visão, um projeto, uma ideia de Deus ou um empreendimento. Aprenda a viver o momento certo. Nada começa pronto. Até que todas as peças ocupem o lugar certo, levará tempo. Não tenha pressa nesse estágio. Rumine bem a ideia.

É importante nessa fase fortalecer "o que" fazer, não estar tão focado em "como" fazer. Embora a nossa mente esteja sempre programada para querer saber o caminho e a fórmula, esse não é o momento. Se você focar em "como fazer", certamente ficará paralisado e deparará com um obstáculo.

Comigo foi assim. Eu sabia o que queria. Sabia que começaria uma igreja. Era o que eu tinha na mente e no coração.

Vibrava com a ideia. Emocionava-me só com o fato de pensar. Eu já me via até como pastor sênior de uma igreja. Já a imaginava pronta, em funcionamento, avivada, edificada, vibrante. Passei noites em claro sonhando acordado! Momentos como esses são inegociáveis. Quanto mais fortaleço o que eu vejo e desejo, maiores serão as chances de êxito. Quanto mais eu sei quem eu sou, mais eu sei o que desejo. E, quando sabemos quem somos, não fazemos o que não somos. Isso significa foco.

Muitos projetos são abortados porque o líder é paralisado pelas inúmeras perguntas que vêm à sua mente: Como vou conseguir os recursos necessários? Como vou fazer para levantar as pessoas-chave? Como farei para comunicar esse projeto às pessoas envolvidas? Como começar?

Embora entenda que são perguntas cruciais, insisto em dizer que elas não podem ser feitas nesse momento. O que importa agora é o que você vê, o que você projeta, o que você sente ao imaginar o projeto andando, como você se enxerga nesse empreendimento.

Observe também que, nessa fase, Deus exigirá que você esteja no lugar certo e que saiba ouvi-lo. Repito: no lugar certo para ouvir.

O silêncio é o ambiente propício para que uma visão de Deus seja fecundada pela voz do próprio Deus! O silêncio é o lugar no qual todos os sons da alma se calam para ouvir o que realmente importa: a voz de Deus. Segundo Brian Houston, o silêncio é o momento ímpar quando "o eterno toca o interno e muda o externo".

Para que isso aconteça, é imprescindível sair da nossa zona de conforto. Deus fez isso acontecer com Abraão tirando-o de sua terra e de sua parentela. Com Moisés, não foi diferente. Deus o levou para o deserto. Com Jacó, tirou-o de sua família e o fez trabalhar por vários anos fora de sua terra. Depois, levou-o para Peniel, o lugar em que Deus se revelou a ele. O mesmo aconteceu com José; com Davi; com Daniel, no período do exílio na Babilônia; com Paulo, no caminho para Damasco; com João, na ilha de Patmos.

Deus quer fazer o mesmo com você. Nada há mais importante do que uma única palavra dita por ele. Isso muda toda a história. Quem sabe se o momento que você está vivendo seja a forma segundo a qual Deus está tentando dizer-lhe algo. Fazendo-o parar. Chegou a hora de parar, de ficar em silêncio, longe de tudo e de todos para ouvi-lo. Não relute. Não resista a esse momento único. Esteja pronto para receber o que Deus preparou para a sua vida.

Lembro-me muito bem de quando Deus me tirou da minha comodidade e levou-me a um lugar bem distante da minha casa e da minha terra. Aconteceu em abril de 2001 quando eu estava de viagem a Palmas, no Tocantins, para ministrar um curso em uma igreja naquela cidade. Fiz escala em Brasília, para uma conexão de voo. No aeroporto, Deus usou um pastor, que me disse uma palavra profética — ou seja, uma palavra declarada da parte de Deus, que se cumprirá futuramente — sobre minha vida e o que Deus queria de mim. Resumidamente foram estes os termos:

> "Costa Neto, você me ama? Você me ama? Você me ama?
> Cuide das minhas ovelhas.
> Porque um dia para mim é um ano, um ano são dez anos, dez anos são uma vida. Não há mais tempo a perder!
> Cuide das minhas ovelhas".

Aquelas palavras soaram nos meus ouvidos durante toda a viagem. E foi no dia seguinte à tarde enquanto estava sozinho no hotel que a concepção da visão aconteceu. Daquele dia em diante, a minha vida não foi mais a mesma. A visão de Deus estava dentro de mim. Eu finalmente carregava uma visão! Eu estava "grávido"!

Estar fora da nossa zona de conforto significa obrigatoriamente que houve um momento em que Deus nos forçou a sair do círculo que envolve as nossas preocupações do dia a dia, as pessoas que comumente nos cercam e a rotina que geralmente nos aprisiona; a seguir, nós nos entregarmos de corpo, alma e espírito à agenda de Deus. Não somos nós que marcamos um encontro com Deus; é ele quem tem em sua agenda um encontro conosco. Porque tudo é sobre ele e para ele.

O interessante é que, na concepção da visão de Deus, temos um sentimento de que algo vai acontecer, embora não saibamos exatamente o quê. Ao mesmo tempo, não sabemos como controlar a situação. Para dizer a verdade, não desejamos controlá-la.

Normalmente se trata de um momento maravilhoso na vida, no qual todo o nosso ser se encontra divinamente preparado para receber um tesouro — uma visão de Deus.

Sinto que devo dizer algo a você, caro leitor. Creio firmemente que os melhores livros ainda estão por ser escritos. As melhores músicas estão por ser cantadas. As melhores empresas estão por ser abertas. Os grandes projetos estão por ser realizados. Quantas igrejas por ser fundadas! Quantos sonhos serão concebidos! Deus anseia usar você. Ele poderia fazer tudo sozinho, mas é você que ele deseja usar. Desde a fundação do mundo, ele já projetava você para realizar esse sonho dele. Somente você é capaz de realizá-lo. Você já nasceu com os talentos necessários, com as ferramentas certas e com a capacidade de realização adequada. Simplesmente porque você possui a natureza dele. Por um lado, Deus é o Criador e sua natureza de criar é imensurável e incalculável. Por outro, somos sua maior criação. Portanto, a natureza dele de criar está em cada um de nós: a capacidade de trazer à existência o que não existe, de fazer acontecer! E tudo isso para a glória dele.

Receba, neste exato momento, a visão de Deus para a sua vida. Algo que tem o poder de transformar esta sociedade e trazer a justiça e o Reino de Deus ao mundo. Sonhe e veja inúmeras pessoas beneficiadas, famílias alcançadas, jovens transformados, uma sociedade mais justa, um mundo melhor... Tudo por causa da *sua* obediência a ele, da *sua* decisão de escutá-lo, da *sua* sede em cumprir os propósitos divinos. Por certo, os seus melhores dias ainda estão por vir! E eu, desde já, me alegro só em pensar nisso! Aleluia!

Fase dois
Maturação: nosso caráter é
trabalhado para receber a visão

Na fase da maturidade, em geral não reservamos tempo para verificar o que está por trás da visão. Infelizmente, essa fase é relegada a um segundo plano até que percebemos que é preciso investir tempo para que seja desenvolvida.

Só percebemos sua riqueza quando, com o passar do tempo, algumas decisões são necessárias e para isso se requer maturidade. Se não houver maturidade suficiente para a tomada de determinadas atitudes, o estrago pode ser grande. Antes de a visão se cumprir, a maturidade é uma fase imprescindível. Da mesma forma que uma criança necessita de tempo adequado no ventre de sua mãe, a visão de Deus necessita ser desenvolvida em um ambiente de maturidade.

Muitas são as áreas envolvidas nessa fase: as nossas emoções, as nossas experiências, a nossa coragem, o nosso caráter, as nossas convicções e, sobretudo, o custo da decisão. Lembro-me muito bem que me passava pela mente a seguinte afirmação:

> *"Essa decisão não tem mais volta; por isso, mais do que nunca, necessito ter coragem e convicção!"*.

Observe a riqueza da maturidade. Uma decisão que envolve a visão de Deus não pode ser tomada sob fortes emoções ou basear-se somente em um sentimento. Vejo inúmeras pessoas com um chamado e uma visão real de Deus cederem a pressões internas e externas e não conseguirem cumprir os passos necessários.

A maturidade tem a vantagem de conseguir ver detalhes que por vezes são desprezados. Quantos projetos são frustrados porque as pessoas envolvidas direta e indiretamente nessa decisão — família, filhos, parentes, líderes — não são ouvidas? É por meio da maturidade que os custos envolvidos são calculados, os recursos necessários são levantados e o tempo previsto de execução é levado em conta. Uma pessoa madura e experiente com certeza tem consciência do que lhe será exigido nos primeiros momentos. As pessoas maduras são detalhistas até mesmo quanto ao estado de saúde em que se encontram, porque sabem que serão necessários esforços extras nessa etapa importante da vida. Sabem identificar o conhecimento que se exige delas nesse estágio, inclusive as pessoas adequadas para seu projeto, bem como bons conselheiros.

É de vital importância fazer uma parada para analisar como anda o seu nível de maturidade. Se esses passos, que acabamos de mencionar, foram esquecidos ou simplesmente abortados, o seu nível de maturidade está abaixo do esperado. Veja bem, não será possível executar qualquer que seja a visão sem que antes se faça uma análise precisa e profunda. Obviamente que outros itens podem ser acrescentados nessa avaliação, sem deixar de considerar os que indicamos!

Na fase da maturação, tratamos de responder aos questionamentos sobre "como fazer" e trabalhamos cada um dos aspectos envolvidos. A palavra-chave nessa fase é "planejamento".

Saiba de uma coisa: a verdadeira maturidade é forjada quando se baseia em um bom planejamento. As pessoas maduras são pessoas que investem tempo em uma boa programação, em projetos bem discutidos e em análises profundas. Eu sempre digo que o custo de rasgar um projeto no papel é bem menor que colocar abaixo uma parede já construída. Discuta os prós e os contras. Calcule os custos que você terá de arcar. Não se apresse em executar o seu projeto de imediato. A pressa excessiva é inversamente proporcional a um projeto exitoso. Em outras palavras, invista tempo suficiente na fase do planejamento.

Na minha caminhada, já deparei com muitas pessoas que não dedicam tempo para analisar, ou não permitem bons questionamentos, ou não analisam com profundidade, ou não se cercam de bons conselheiros; tampouco procuram bons exemplos. Geralmente são superficiais e sentimentais ao extremo. De modo infantil, afirmam que "Deus vai providenciar" quando, na verdade, grande parte de um projeto está sob a nossa responsabilidade, não de Deus.

Não concordo muito com a seguinte afirmativa:

"Deus não chama os capacitados, e sim os disponíveis!".

Pelo contrário, na Bíblia, os capacitados foram aqueles que fizeram a diferença. Na vida de Moisés foi assim. Na de José também. Da mesma forma, na de Daniel. E, por fim, na do apóstolo Paulo. A capacitação valoriza o conhecimento, que, por sua vez, provoca a inteligência, firma a prudência, inspira o bom senso e fundamenta a sabedoria do alto. Os verdadeiros visionários são pessoas extremamente capacitadas e dotadas de uma inteligência invejável. Aqui vai um recado aos pastores: busquem capacitar-se, invistam no conhecimento, aumentem a capacidade de produção. Pastorear exige inteligência e conhecimento, e isso vem de Deus: "Então eu darei a vocês governantes [pastores] conforme a minha vontade, que dirigirão com sabedoria e com entendimento" (Jeremias 3.15).

Mais uma vez, posso dizer que, na minha experiência, cada momento em que eu parava para avaliar o passo seguinte, os acertos eram maiores, a minha maturidade crescia e o meu caráter era trabalhado, porque a necessidade da maturidade era evidente.

Considerações relevantes como essas nos levaram a procurar a localização ideal para a igreja. Fizemos algumas perguntas: em que direção a cidade estava crescendo? Qual é a probabilidade de um número maior de a população caminhar para o futuro local da igreja? Como seria um culto ideal? Quais os detalhes do som, da iluminação, da arrumação, da atmosfera, do ambiente? Tudo isso exige, no mínimo, determinado conhecimento ou a capacitação de pessoas para fazê-lo. Não tenho dúvida em afirmar que os passos errados que cometemos foram fruto da pressa, da falta de bons conselhos e da imaturidade.

Algumas experiências poderão ajudar você a compreender melhor a importância da maturidade no processo da visão. Por exemplo, ouvir Deus falar. Há muitas formas de Deus falar: de maneira sobrenatural (anjos, sonhos, visão); através da Palavra revelada; por meio de pessoas (familiares, conselheiros, profetas, amigos); e, por fim, utilizando-se da sabedoria, do conhecimento e da inteligência (v. Provérbios 2). Na minha experiência, a última forma tem sido a mais comum. Como amo a sabedoria, o conhecimento e a inteligência! De forma nenhuma quer dizer que desprezo as demais formas de Deus agir. De fato, tenho experimentado todas elas. Mas, por favor, não se feche a uma única forma de Deus atuar.

Lembro-me de uma vez em que programamos a abertura de uma igreja filial em um bairro da cidade. O lugar era bom, o prédio ideal, a localização perfeita! Investimos recursos financeiros e humanos e tempo por apenas seis meses, quando verificamos que tínhamos dado o passo errado. Pagamos um preço alto por esse equívoco. Esse é apenas um exemplo dos muitos que tomamos de forma errada. Quando considero esse caso específico, vejo claramente que "queimamos" etapas importantes. Não tínhamos líderes preparados. O investimento financeiro necessário excedia, em muito, o programado. Na época, os recursos humanos eram insuficientes e sem o preparo adequado. Além disso, deixaríamos de focar o que tínhamos de forte, a igreja sede. Em outras palavras, foi uma decisão totalmente movida pela emoção do momento e pela opinião de poucas pessoas.

Bem-vindo à casa

Mencionei anteriormente que a maturidade abrange muitas áreas, e duas delas são a convicção e a coragem para pôr a visão em prática. Na verdade, entendo que essas duas virtudes são fruto da maturidade, da experiência de vida, da vivência, do tempo de jornada. Deus não entregará algo tão precioso, seus planos e projetos, de qualquer forma e a qualquer pessoa. Para que haja convicção e coragem, é imprescindível que o nosso caráter seja transformado.

Cada vez mais, observo como esse item é imprescindível. Como foi importante conversar com outros pastores. Reservar tempo com Deus. Conversar abertamente com a minha família. Cumprir toda uma etapa, agir com prudência e bom senso. Tudo isso faz uma diferença brutal!

No que se refere ao caráter, de que adianta ter conhecimento, visão, coragem, convicção e liderança se falta o primeiro? Conhecemos muito bem os estragos de líderes de renome, com enormes qualidades, que ao longo dos anos caíram em decorrência da falta de um caráter transformado. Portanto, não se precipite em cumprir o que você já tem de Deus. Seja sincero em desejar ter o seu caráter transformado pelo Espírito Santo. Isso não significa perfeição, e sim estar aberto para a transformação necessária de acordo com o nosso chamado. Para que o caráter de Deus seja formado em nós, é necessária a decisão de iniciar o mais rápido possível, sem pressa de acabar!

Nessa fase, houve a necessidade de ajustes no meu caráter. Eu era muito apegado às coisas, valorizava a posição, preocupava-me com a minha reputação (o que falavam a meu respeito), não dava a atenção necessária ao assunto sexualidade e não compreendia o que era viver com simplicidade. Imagine você, um pastor, com essas características!

Trabalhei e continuo trabalhando em cada área com dedicação e não dou descanso nesse processo. Agradeço ao Espírito Santo pela forma tranquila e perceptível com a qual operou e ainda opera na minha vida. Hoje, sinto que, cada vez mais, necessito estar em alerta. Percebi que é a graça de Deus que nos mantém firmes, pois ela é o único ingrediente que faz total diferença em nós.

Houve um custo para tomar essa decisão. Na época, eu trabalhava em uma companhia estável que me remunerava muito bem. O que estava em jogo era deixar o trabalho e assumir uma igreja que não poderia me dar uma remuneração semelhante. O que fazer? Como a minha família reagiria? Até quando iria suportar? Quais seriam os ajustes necessários no meu orçamento? Qual era a realidade financeira da igreja? E a minha? Passei três anos fazendo esses cálculos. Confesso que foi uma decisão difícil, mas não impossível de ser tomada. Por quê? Porque tomei dentro de um senso de responsabilidade. Sempre tive a consciência de que o Espírito Santo não é responsável pelas nossas decisões precipitadas. Não podemos atribuir a culpa da nossa falta de planejamento a ninguém. Com certeza, no futuro colheremos os resultados do nosso bom ou mau planejamento.

Continuo afirmando que a coragem e a convicção devem acontecer simultaneamente. Muitas vezes, eu tinha convicção do que Deus queria de mim, mas me faltava coragem e ousadia para fazê-lo. Em outros momentos, eu tinha a coragem, mas algumas dúvidas pairavam na minha mente, o que me impedia de tomar uma decisão. Quando as duas virtudes finalmente se uniram, segui no propósito de Deus. E deu certo! Sempre que alguém me pergunta o que fazer diante de uma decisão, de uma visão, de um chamado de Deus, eu pergunto: você tem coragem e convicção? Elas estão presentes agora? Então, siga em frente!

Fase três
Cumprimento: a amplitude da visão de Deus na sociedade

A visão foi concebida. Cumprimos todas as etapas de uma decisão dentro da maturidade. Agora estamos prontos para cumpri-la. O que é preciso nessa fase?

Primeiramente, nenhuma visão de Deus se cumpre sem a ajuda de pessoas. É importantíssimo se unir a pessoas que acreditem na sua visão e que cooperarão para o cumprimento dela. Falo de, no mínimo, líderes que estarão ao seu redor e que possuam requisitos mínimos de maturidade, de vivência, de caminhada ao seu lado, de disposição e de caráter provado e aprovado. Os projetos que se iniciam com uma liderança madura obtêm sucesso e chegam mais rapidamente a seus objetivos.

Aprendi a levantar líderes procurando encontrar o que chamo dos três "cês": caráter, capacitação e carisma. Vejamos cada um deles.

Caráter. Como já mencionamos, trata-se da condição da ação do Espírito Santo na vida da pessoa. É o fruto do Espírito no dia a dia. É a coerência do que se fala e do que se vive. É fazer a coisa certa quando ninguém está vendo. É o tempo, de fato, de uma vida ilibada, sem manchas. Vale a pena mencionar que nem sempre o caráter é visível, por isso às vezes podemos errar na escolha de pessoas para determinada tarefa. Alguns líderes talvez tenham todos os requisitos necessários para algo e ainda assim tropecem com relação ao caráter. Por isso, este item é fundamental.

Como, então, testar o caráter? Podemos usar alguns meios que nos ajudarão a fazer a escolha certa. Um exemplo disso seria fazer um levantamento sobre a conduta do candidato em suas relações pessoais. Como ele age em relação ao tema dinheiro? Como se relaciona com o sexo oposto? Onde ele trabalhou ou desenvolveu sua liderança? Como foi sua conduta com as pessoas? Tratava os demais com dignidade e respeito?

É bom esclarecer que ter um bom caráter não significa que uma pessoa nunca tenha cometido um deslize na vida. Muitas vezes, depois de uma queda ou de um erro cometido, as pessoas se tornam mais fortes, mais experientes e seu caráter é burilado.

Os elementos aqui apresentados são suficientes para quando você tiver de escolher pessoas para o cumprimento da sua visão em Deus. Nunca despreze esse item. Nunca queime essa etapa. Na verdade, tudo começa aqui, porque pessoas de caráter ao seu redor farão toda a diferença na sua caminhada!

Capacitação. Trata-se de ter a pessoa certa no lugar certo! Depois do caráter, esse é um aspecto de grande importância. Se não formos criteriosos nessa etapa, perderemos um tempo precioso à frente porque perceberemos que a pessoa escolhida não está desenvolvendo bem seu papel ou os resultados obtidos não são satisfatórios. Em se tratando de igreja, já observei inúmeros casos de pessoas designadas para determinadas funções sem que tivessem o mínimo preparo. Os motivos são variados: porque são "próximas", estão desde a fundação, precisam do emprego, caso seja remunerado, ou, pior ainda, são mão de obra barata.

Siga este conselho: nunca ponha alguém em um cargo se você não tem a coragem de tirá-lo ou demiti-lo mais tarde. Todo bom líder tem que aprender a tomar decisões difíceis. E, em se tratando do cumprimento de uma visão, não desperdice tempo com pessoas incompetentes ou medíocres. Muitas vezes, é melhor não ter ninguém do que ter alguém que não está no lugar certo ou que não está fazendo a coisa certa. Quando Jetro, o sogro de Moisés, o instruiu a escolher líderes que o ajudassem, teve o cuidado de estabelecer o requisito "homens capazes" (cf. Êxodo 18.21).

Muitos líderes confundem o requisito capacitação com o da espiritualidade. O que você entende por uma pessoa "espiritual"? Cuidado, pois muitas funções na igreja são técnicas e específicas e exigem um grau de conhecimento e preparação, o que significa dizer que nem sempre a pessoa que ora ou que ministra o estudo é a indicada para fazer a tarefa! Favor não confundir o termo "profissionalismo" com carnalidade!

Gosto de ter as melhores pessoas ao meu redor. Faço o possível para que elas se desenvolvam e me auxiliem no cumprimento da missão que Deus me deu. As pessoas que trabalham comigo sabem muito bem a que me refiro. Treinamento, capacitação, profissionalismo, condições de trabalho, material disponível, máquinas e equipamentos da melhor qualidade são elementos altamente necessários para que o bom profissional desenvolva seu trabalho e me ajude a cumprir a visão recebida de Deus.

Seja criterioso com relação a esse requisito e busque pessoas diligentes para estarem ao seu redor. Pague o que for preciso e você verá que vale a pena.

Carisma. Particularmente levo o carisma muito a sério. Sabe aquele sentimento de empatia? Quando batemos os olhos em alguém?

Se uma pessoa tem caráter, é capacitada, mas não é empática, temos um problema. Em geral, não escolho uma pessoa que não tem carisma, porque, lá na frente, se o faço, vou me arrepender! Não sei explicar se isso é discernimento, intuição ou algo do tipo, mas o que eu sei é que funciona!

Carisma é a capacidade de alguém se relacionar bem com os outros. Ou temos carisma ou não temos. Evito ter pessoas comigo que não conseguem ter bons relacionamentos ou para as quais esse quesito é fruto de um esforço muito grande. Em geral, estamos diante de pessoas que criarão dificuldades; e você, na maioria das vezes, não terá chances de restaurar os estragos.

No processo do cumprimento da visão, uma coisa é certa: o seu propósito é claro? Uma missão clara encurta o caminho das coisas. Quantos líderes não são claros naquilo que querem. Quantas pessoas passam anos e anos construindo e fazendo a mesma coisa, achando que terão resultados diferentes! A visão precisa ser clara. Nesse sentido, qualquer visão de Deus tem o foco nas pessoas, no ser humano! Sua visão deve estar focada na transformação da sociedade por meio da implantação da cultura do Reino de Deus. Escreva a visão e a missão dadas por Deus a você, e vidas serão beneficiadas. Se isso não acontecer, então não se trata de visão, e sim de ilusão!

Fase quatro
Teste e refinamento: quando somos testados e devemos obedecer

Toda visão passa por testes. Lembro-me muito bem de situações nas quais pude observar Deus me refinando para aquilo que ele queria realizar. Gosto muito do texto de Romanos 5 (v. 1-5)

Bem-vindo à casa

quando Paulo menciona a importância da perseverança, da experiência e da esperança. Como essas virtudes são tesouros riquíssimos na vida! Um líder sem experiência de vida, sem vivência de situações reais, sem esperança real em Jesus está fadado ao fracasso. Como é importante passar por situações e manter-se firme, sem desistir, e ter a certeza de que se tornará mais forte ao final.

Levo na bagagem algumas das experiências talvez mais difíceis na vida de um líder: ter membro da equipe que causou escândalo, ouvir acusação contra a minha pessoa, afastar pessoas queridas de cargos da igreja, convidar pessoas a sair da igreja, abrir igreja, fechar igreja, ter reuniões de liderança com discussões acirradas e ânimos alterados, e a lista continua. Enfim, vejo que tudo isso contribuiu e muito no refinamento da visão de Deus na minha vida e nas pessoas que continuam comigo. Vejo cada dia uma liderança mais madura em razão das inúmeras experiências dolorosas e indesejáveis, embora necessárias em seu momento.

Tentar encurtar essa fase ou querer não passar por ela é imaginar Abraão não passando pelo teste de "entregar Isaque" a Deus. Você consegue imaginar o que seria de Abraão sem essa experiência em seu currículo? Ele simplesmente não seria o pai da fé! Só isso!

No entanto, ser testado não é uma questão de se programar para tal; é algo que acontecerá, independentemente de você querer ou não. Esteja atento, seja maduro quando passar pelas várias provações da visão. O que Deus quer mostrar com isso? Entendo que ele quer nos falar se é isso mesmo que desejamos, se a visão é dele ou simplesmente fruto da nossa imaginação, se dependemos dele ou do nosso esforço próprio, se tem a ver com seu Reino ou com o nosso nome, se é ele quem está no controle ou nós.

Toda visão passa por realinhamento. Eu diria que é a fase em que o líder necessita podar a árvore. E isso, muitas vezes, significa mudar pessoas de função, chamar algumas para uma conversa particular ou reavaliar a equipe. Enfim, toda organização necessita de oxigenação, de pessoas novas, de métodos mais atuais e de avaliação do trabalho realizado. Por mais que muitos não entendam, o líder sabe muito bem quando a organização necessita ser reinventada e reavaliada. Não cumprir a fase do refinamento transformará a organização em uma "máquina" pesada; e muito pior do que isso: pode levar ao perigo de as pessoas se acomodarem e passarem a cumprir suas funções no modo piloto automático.

Uma coisa é certa, de vez em quando você se dará conta de que existe um furacão ao seu redor, e é nessas horas que nos lembramos de que o melhor lugar para se estar é na presença de Deus! De onde nunca devemos sair.

capítulo 4
"Ser" vem antes de "fazer"

Pode ser que para você "ser e fazer" ou "fazer e ser" estejam juntos. Respeito a sua opinião e penso que há certa coerência nisso. O cerne da questão está no fato de sabermos diferenciar propósito e *performance*, tanto de vida como de organização. Para isso, é preciso lembrar-se de que *performance* vem depois de propósito.

De acordo com o que eu sou, faz sentido aquilo que faço; já com respeito à *performance* o que importa é a atividade. O propósito é construído e alicerçado em uma jornada, mas o importante na *performance* é o hoje, o aqui e agora. No propósito, valorizo e conquisto com uma equipe a meu lado, e todos têm mérito; na *performance*, o mérito é individual. O propósito deixa um legado; a *performance* busca a fama. O propósito é construído pelo caráter e por ele é sustentado; a *performance* se sustenta no pódio pelos dons e talentos da pessoa. O propósito é construído no lugar secreto; a *performance* só faz sentido em público. No propósito, a minha dependência está na graça de Deus; na *performance*, dependo da força do braço, da autossuficiência. O propósito tem a ver com o lugar ao qual Deus quer me levar; a *performance* com onde quero estar. No propósito, eu lidero e preciso de uma equipe; na *performance* eu gerencio e mando.

Quando observamos a Bíblia, encontramos várias vezes o confronto das duas coisas. Veja você as palavras de Jesus:

> "Nem todo aquele que me diz: 'Senhor, Senhor', entrará no Reino dos céus, mas apenas aquele que faz a vontade de meu Pai que está nos céus. Muitos me dirão naquele dia: 'Senhor, Senhor, não profetizamos em teu nome? Em teu nome não expulsamos demônios e não realizamos muitos milagres?' Então eu lhes direi claramente. Nunca os conheci. Afastem-se de mim vocês que praticam o mal" (Mateus 7.21-23).

Aqui claramente o propósito está acima da *performance*.

É importante acrescentar que, para quem tem um propósito claro e definido, a *performance*, ou o resultado obtido, faz sentido. Nesse caso, ela serve de parâmetro, de sinal do ajuste de rota. No entanto, a *performance* sem propósito não se sustenta.

A nossa visão de igreja contempla esse princípio primordial. Trabalhamos na certeza de que o nosso primeiro chamado é estar na presença de Deus, que é o nosso propósito de vida. E de lá encontramos toda a essência da vida cristã.

Em Marcos 3.13,14, lemos a base desse tópico:

> Jesus subiu a um monte e chamou a si aqueles que ele quis, os quais vieram para junto dele. Escolheu doze, designando-os apóstolos para que estivessem com ele [...].

Jesus escolheu seus discípulos, ou seja, chamou os que ele mesmo quis para estar com ele. Esse foi o primeiro chamado dos discípulos de Jesus: estar e ser, antes de fazer.

O que isso significa na prática é que, como igreja, cada pessoa precisa entender que ter comunhão com Deus vem antes do ativismo.

Estar na presença de Deus, alegrar-se nele, ter prazer de estar diante dele tem um valor imensurável e inegociável.

Caminhando Jesus e os seus discípulos, chegaram a um povoado onde certa mulher chamada Marta o recebeu em sua casa. Maria, sua irmã, ficou sentada aos pés do Senhor, ouvindo a sua palavra. Marta, porém, estava ocupada com muito serviço. E, aproximando-se dele, perguntou: "Senhor, não te importas que minha irmã tenha me deixado sozinha com o serviço? Dize-lhe que me ajude!" Respondeu o Senhor: "Marta, Marta! Você está preocupada e inquieta com muitas coisas, todavia apenas uma é necessária. Maria escolheu a boa parte, e esta não lhe será tirada". (Lucas 10.38-42)

O maior benefício dos discípulos de Jesus sempre foi estar na presença do Mestre. Qualquer outra coisa é efeito. Sua presença é a causa. Por isso, valorizamos a celebração dos cultos. Por isso, valorizamos a adoração. O prazer de estar na casa de Deus simplesmente por estar na presença dele. Eis a razão de incentivarmos todos os nossos líderes e afirmarmos que o desejo deles, como resultado em seus ministérios, será fruto de um tempo de quantidade e de qualidade na presença de Deus. Na verdade, uma palavra de Deus a nós, em decorrência de estar na presença dele, muda toda uma história, uma igreja, uma carreira, um aconselhamento, uma obra, um planejamento. Muda tudo em todos!

Temos recebido algumas pessoas provenientes de outras igrejas, e o que fazemos com elas? A primeira coisa que ensinamos é que elas estão ali, em primeiro lugar, porque são seres humanos e filhos de Deus; não valorizamos simplesmente seus dons e talentos. E isso porque as pessoas necessitam ser amadas pelo que são, não pelo que fazem.

Para nós, "ser" é a visão do evangelho de Jesus de forma efetiva na vida de uma pessoa. Até porque não temos o poder de mudar ninguém e acreditamos que somente a Palavra tem esse poder. Dessa forma, "ser" é uma questão crucial como igreja, porque sem "ser" o "fazer" é incoerente. Alguém me disse, certa vez, que produzimos o que somos. Sou totalmente a favor desse conceito.

Trabalhar em "ser" traz muitos benefícios. O primeiro deles é a coerência de vida, a pedagogia do exemplo. Acredito que o nosso testemunho é uma das maiores riquezas que carregamos como filhos de Deus. E digo que é a forma mais eficaz de comunicar Jesus. Quando focamos em ser primeiramente trabalhados por Deus, estamos dizendo que nós, antes dos outros, é que necessitamos de mudança. Segundo Jesus, devemos tirar a sujeira dos nossos olhos, antes de querer tirar a dos outros. Quantas e quantas vezes desejamos evangelizar, pregar, fazer a obra, quando, na verdade, a primeira conquista deve ser o nosso interior. E aí, sim, daremos um passo grande para dar exemplo aos outros.

Outro grande benefício é o foco no fruto do Espírito, não nos dons. Sinceramente, não queremos ser uma igreja na qual o poder de Deus se manifesta sem um fundamento sólido de vidas transformadas. Vejo nisso um perigo muito grande. E, com certeza, é um dos grandes problemas de pessoas que entram e saem das igrejas. Esse é um dos grandes desafios que temos, ou seja, criar um ambiente no qual as pessoas encontram um evangelho de vida prático e, através dele, desenvolvem relacionamentos entre as pessoas da igreja de forma saudável, por serem pessoas sadias de alma e espírito. Os relacionamentos que acontecem por meio da operação do Espírito Santo dão frutos no interior de cada pessoa e produzem amor, alegria, paz, longanimidade, bondade, fidelidade, mansidão e domínio próprio. Um ambiente como esse faz uma igreja forte, sólida, saudável, atraente e relevante.

Trabalhar no "ser" é também depender totalmente da graça de Deus. Como dissemos, o nosso primeiro chamado é estar na presença de Deus. Quando correspondemos a esse chamado, entenderemos que todo ministério é o resultado de receber de Deus e realizar a obra de Deus, através da nossa vida, na vida de outras pessoas e voltar à presença dele. Porque sem ele não fazemos nada: "Eu sou a videira; vocês são os ramos. Se alguém permanecer em mim e eu nele, esse dará muito fruto; pois sem mim vocês não podem fazer coisa alguma" (João 15.5). O texto fala justamente disto: estar em Jesus nos garante a vida. E este é o significado de ministério. Estar na presença dele, fazer o que ele nos comissiona e voltar a estar na presença dele. É total dependência de Deus e de sua graça.

Falando nesse assunto, as palavras de Jesus em João 8.28,29 não deixam de ressoar:

> "Então Jesus disse: 'Quando vocês levantarem o Filho do homem, saberão que Eu Sou, e que nada faço de mim mesmo, mas falo exatamente o que o Pai me ensinou. Aquele que me enviou está comigo; ele não me deixou sozinho, pois sempre faço o que lhe agrada' ".

Não faço nada de mim mesmo. Falo o que o Pai disse. Faço o que lhe agrada. É simples! E como isso é possível? Quando o "ser" vem antes do "fazer". Quando o nosso foco maior é estar nele, receber dele, fazer para ele e através dele!

Outra mensagem intrínseca na nossa visão do ser é que gostamos de ser gente. Nossa igreja é de "seres humanos".

Celebramos as nossas vitórias pessoais. Conhecemos o nosso potencial. Sabemos quem somos em Cristo, mas também reconhecemos as nossas fraquezas. Não as supervalorizamos. Mas tampouco as subestimamos. Não nos julgamos "supercristãos", "super-homens", "supermulheres"; pelo contrário, essa é a razão que nos faz ser uma igreja "leve". O fato de que todos, sem exceção, do pastor aos líderes, a todos os membros, e até o mais simples visitante, não se esquecerem de que somos seres humanos. Nós gostamos de celebrar a nossa humanidade! E como isso é bom no nosso meio!

Muitas vezes fui pressionado por membros da igreja a confrontar determinadas pessoas que frequentavam os nossos cultos porque a vida destas não condizia com o evangelho de Jesus. Confrontamos os líderes, e isso porque a própria Palavra traz o padrão adequado para liderar pessoas. Nunca me preocupei em confrontar os membros. Na verdade, não somos uma igreja que confia no poder da "doutrina da igreja" ou em "regras rigorosas"; confiamos, sim, no poder transformador do Espírito Santo. Ele, sim, mais do que regras, opera a transformação que nenhum ser humano é capaz de fazer. A minha experiência diz que pregar a Palavra e confiar no poder do Espírito Santo é suficiente. É interessante observar que as pessoas que foram impactadas por Jesus passaram por três etapas: *seguiram* Jesus tal como eram; depois começaram a *crer* nele; e finalmente foram *transformadas*.

Parte 2

Seja bem-vindo

capítulo 5
A igreja

O que é igreja na nossa visão?

Igreja é a maior criação de Deus depois do ser humano! Todo o plano de Deus para estabelecer sua Igreja e mostrar seu grau de importância iniciou-se no estabelecimento do tabernáculo, no Antigo Testamento. O tabernáculo é um retrato do que seria a Igreja neste mundo.

No livro de Êxodo, podemos acompanhar todos os detalhes de como o tabernáculo deveria ser construído, qual era seu propósito, como seria e como funcionaria. Tal qual no Antigo Testamento, o ajuntamento do povo acontecia no tabernáculo e ali a *cultura do Reino de Deus* era manifesta. E qual era essa cultura? O que aprendemos com o tabernáculo?

Em primeiro lugar, Deus era o centro. Nada era mais importante do que ele. E, por essa razão, o povo vinha para adorá-lo, trazer ofertas, pedir perdão dos pecados, receber a Palavra, ver a manifestação dele, relacionar-se com outras pessoas que tinham o mesmo objetivo. Quando o tabernáculo se movia, a presença de Deus acompanhava o povo, representada pela arca da aliança. Por causa do tabernáculo e do que ocorria ali, o povo era transformado através da presença de Deus, e isso afetava toda a nação.

Bem-vindo à casa

O tabernáculo tinha uma importância tão relevante que foi o próprio Deus quem o estabeleceu.

Além disso, o tabernáculo nos ensina sobre hierarquia. Embora Deus fosse o centro, ele mesmo decidiu estabelecer pessoas que o representassem. Essas pessoas representavam Deus e eram o elo entre o povo e Deus. Foi nessa mesma época que teve início o serviço na casa de Deus. Sua importância era tal que uma única família assumiu esse papel. Com o tabernáculo, aprendemos a importância da celebração coletiva, que era resultado de um ajuntamento no qual o louvor e a adoração eram fatores essenciais: "E farão um santuário para mim, e eu habitarei no meio deles" (Êxodo 25.8).

O tabernáculo assumiu um papel tão importante para o povo de Israel que a construção do templo passou a ocupar o auge na vida de Davi e de Salomão. O reinado de Davi tomou outra proporção quando, em seu coração, foi estabelecido o desejo de construir uma casa para Deus. E não parou por aí; o mesmo aconteceu com Salomão, que se destacou como rei porque o templo foi seu objetivo maior na vida. O amor pela casa de Deus transformou o reinado de Davi e de seu filho Salomão. Da mesma forma, creio que acontece com todos os que, de coração, amam a casa de Deus:

> O rei Davi já morava em seu palácio e o Senhor lhe dera descanso de todos os seus inimigos ao redor. Certo dia ele disse ao profeta Natã: "Aqui estou eu, morando num palácio de cedro, enquanto a arca de Deus permanece numa simples tenda". Natã respondeu ao rei: "Faze o que tiveres em mente, pois o Senhor está contigo". E naquela mesma noite o Senhor falou a Natã: "Vá dizer a meu servo Davi que assim diz o Senhor: Você construirá uma casa para eu morar? [...] Agora eu o farei tão famoso quanto os homens mais importantes da terra. [...] Quando a sua vida chegar ao fim

A igreja

e você descansar com os seus antepassados, escolherei um dos seus filhos para sucedê-lo, um fruto do seu próprio corpo, e eu estabelecerei o reino dele. Será ele quem construirá um templo em honra ao meu nome, e eu firmarei o trono dele para sempre. [...] Quanto a você, sua dinastia e seu reino permanecerão para sempre diante de mim; o seu trono será estabelecido para sempre" (2Samuel 7.1-5,9,12,13,16).

Por que mencionar esse fato? Porque amamos a casa de Deus! Sua importância excede, muitas vezes, a nossa compreensão. Não entendemos por que, muitas vezes, esse amor e essa paixão não são externados e celebrados. A nossa visão busca resgatar o amor pela casa de Deus e a importância da presença manifesta de Deus.

Na Igreja cristã atual, o centro de todas as atenções continua sendo Deus na pessoa de seu Filho Jesus. O próprio Jesus assumiu o papel de edificar sua Igreja. Por isso, o Novo Testamento externa a preocupação real de cuidar da Igreja de Jesus e edificá-la.

Na nossa visão, a Igreja continua sendo um ambiente no qual se manifesta a cultura do Reino de Deus. Essa cultura é a razão para a transformação da sociedade. É na igreja que aprendemos a importância de servir às pessoas. É na igreja que valorizamos a importância da Palavra de Deus. É na igreja que as pessoas são inspiradas, motivadas, encorajadas.

Podemos orar em casa? Sim! Devemos orar nas nossas casas, mas é incrivelmente diferente quando oramos na casa de Deus. Podemos adorar a Deus nos nossos lares? Claro que sim! Mas é impressionante como a adoração na casa de Deus é impactante. Devemos estudar a Palavra sozinhos? Sim! E como devemos! Mas é gostoso ouvir a Palavra na casa de Deus. Eis a razão de afirmarmos: "tem coisas que só acontecem na igreja!".

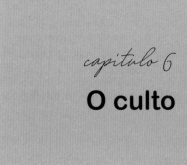

capítulo 6
O culto

Como igreja, entendemos que nenhuma atividade substitui o culto. Nada é mais importante que a celebração coletiva. Qual é a razão disso? Simples. Porque nele 99% dos membros e visitantes estão presentes. Por isso, não perdemos a oportunidade de criar um ambiente no qual as pessoas serão impactadas. Na nossa maneira de ser igreja, o culto é a "primeira impressão que fica". Não queremos trabalhar com a "segunda chance", porque ela pode não existir.

O culto, na nossa concepção, tem como **público-alvo** aqueles que nos visitam, os que estão à procura de uma igreja, os curiosos, aqueles que estão à procura de uma palavra de conforto, de ânimo e de esperança. Na nossa experiência, todos são beneficiados, desde o mais antigo membro até o mais novo seguidor de Jesus Cristo.

Concordo que a igreja não se resume ao momento da celebração, mas sejamos sinceros: para a maioria das pessoas, a primeira experiência com Deus aconteceu em um culto. Entendo essa estatística, por isso adotamos o que chamamos de "culto perfeito".

Primeiramente, ele tem uma **duração** determinada, tem início e fim. Um culto com mais de uma hora e meia de duração é demorado e se torna cansativo. As pessoas não absorvem praticamente nada. Por favor, não venha com a história de que determinar o tempo de início e fim do culto é limitar a ação do Espírito Santo. Infelizmente, confundimos improviso com ação do Espírito. Por isso, o nosso objetivo é fazer a diferença! Tanto na minha Bíblia como na sua, encontramos um Deus organizado que intencionalmente planeja bem seus projetos. Quanto a esse tema, mais uma vez, em muitas igrejas falta uma liderança forte, um líder de visão, um líder que saiba fazer acontecer. Mas infelizmente nem todo pastor é um líder!

Falemos um pouco mais sobre o tempo no culto. É importante escolher boas músicas; ensinar os líderes de louvor a cantar sem "pregar". Eles foram chamados para conduzir a congregação a adorar a Deus. Na nossa comunidade, dedicamos 25 minutos a esse momento com músicas bem ensaiadas e cantadas com excelência, cujas letras sejam inspirativas e edificantes, não um pretexto com o objetivo de "movimentar" as pessoas.

No **momento de avisos**, usamos o que há de mais relevante em multimídia e criatividade. Investimos uma soma grande de recursos no nosso departamento de comunicação. Neste momento em que você está lendo, todos os nossos equipamentos já foram renovados mais uma vez e, com certeza, estamos com recursos de última geração. A imagem da igreja é tão importante quanto a pregação. Nós nos importamos, sim, em chamar e reter a atenção das pessoas quanto à programação semanal da igreja. Fazemos isso com os melhores recursos e com pessoas, simpáticas, profissionais, que sabem fazê-lo bem. Somos extremamente exigentes com as pessoas que estão na linha de frente. Fazemos questão que tenham boa aparência, elegância e que sejam bons comunicadores.

Nosso **tempo de oferta** sempre foi bem objetivo. Nunca fomos de manipular as pessoas. Valorizamos quem já contribui. Inspiramos os demais a seguir o exemplo deles. Nosso lema é cada um fazendo a parte que lhe corresponde, da melhor forma possível; cada um dá o que tem e com alegria e prazer, sem barganhar com Deus. Não damos para receber, mas, com certeza, colhemos o que plantamos. Usamos o depoimento de pessoas que tiveram a vida transformada e cujo papel da igreja foi fundamental. Dessa forma, levamos as pessoas a enxergarem a igreja dando mais, contribuindo mais na vida das pessoas e sendo um canal de transformação da sociedade. Por fim, somos uma igreja generosa. Se recebemos muito, é porque damos mais. O nosso povo ama exercer a generosidade. Voltaremos a este tema mais adiante.

A **pregação** da Palavra é um momento sublime nas nossas celebrações. Começo escolhendo bem quem deve falar. Refiro-me a bons comunicadores e entendo que nem todo pastor foi chamado para pregar. Falo de pessoas de carisma, conhecedores da Palavra, pessoas que dominam a arte de se comunicar bem em público. Alguns pastores da minha equipe jamais pregaram em um culto principal; no entanto, são extremamente eficientes em outras áreas de atuação. Quanto à mensagem, ela precisa ser bíblica, prática, simples e com uma linguagem que todos entendam, evitando termos "de igreja".

O objetivo é motivar as pessoas à mudança, a seguir Jesus, a ser melhores seres humanos e a fazer a diferença na sociedade. Nas nossas celebrações, as pessoas jamais saem com um peso nas costas, ou sentindo-se culpadas e inferiores, ou com seus defeitos apontados. Somos uma igreja cuja mensagem é centrada em Jesus e, por meio dele, os ouvintes sairão aliviados, amados e encorajados. A mensagem deve ser aplicável à segunda-feira, à família, ao escritório, à faculdade e ao ambiente frequentado pelo ouvinte. A mensagem não é o momento de oferecer estudos considerados profundos sem nenhuma aplicação diária. Em outras palavras, nada de informação, e sim transformação.

Ao final dos nossos cultos, desejamos que as pessoas sejam impactadas e retornem trazendo amigos e familiares. E isso acontece todos os domingos. Somos eficientes em preencher cadeiras, o que produz uma atmosfera diferente. Quando isso não acontece, é um sinal claro de que deveríamos ter feito melhor. Algo faltou, e foi falha nossa.

Algo que levamos a sério é a **atmosfera** nas celebrações. Uma atmosfera que não acontece por acaso, mas que é intencionalmente criada. Certa vez, uma pessoa me questionou sobre algumas das nossas reuniões que são verdadeiros *shows*. Lógico que ela estava nos criticando! Luzes, câmera, ação! A pessoa afirmou que Jesus ficava em segundo plano. Respondi-lhe que eu discordava. Disse que trabalhamos para que o *show* aconteça, para que o espetáculo e tudo o que fazemos aponte para Jesus, a fim de que seja conhecido, exaltado e, ao mesmo tempo, para que as pessoas se sintam extasiadas com o ambiente e abertas ao poder do Espírito.

Usamos mídia, muita luz, som de última geração, tudo para que o ambiente seja uma das atrações. Somos detalhistas. Pequenas coisas fazem uma enorme diferença. O tabernáculo (templo), já mencionado, tinha, como sabemos, lugares específicos para cada ato, cortinas com cores adequadas, utensílios com tamanhos determinados, perfumes, especiarias, som, liturgia, pessoas com funções específicas e, lógico, Deus era a principal atração. No entanto, a presença de Deus não dispensava o ambiente propício. Mais uma vez, era Deus quem operava tudo em todos. O mesmo Deus foi detalhista com o ambiente do qual ele gostaria que as pessoas fizessem parte. O ambiente era para ele? Lógico que não! Tinha a ver com as pessoas. Creio que estamos lendo a mesma Bíblia!

Sabemos perfeitamente que todo mundo ama a excelência e a beleza! Um bom som, uma boa iluminação, boas cadeiras, banheiros limpos e arrumados, pessoas simpáticas, músicas bem tocadas; enfim, uma atmosfera que prepara as pessoas para o encontro com Deus. Você só saberá o valor de uma boa atmosfera quando ela fizer parte da liturgia dos seus cultos! Se isso custa caro, imagine o custo da ausência dela!

Os **voluntários** nos nossos cultos são um espetáculo à parte. Trata-se de pessoas alegres, simpáticas e elegantes em todos os lugares. Acredito que o culto se inicia desde o estacionamento e se estende por todo o espaço físico da igreja. Focar somente a programação do culto é deixar de perceber que um visitante já decidiu se vai voltar no domingo seguinte antes mesmo do início da pregação. A forma de receber uma pessoa faz toda a diferença! Portanto, vale a pena repetir: um culto não se resume à liturgia, ao que acontece na recepção, no berçário ou com as crianças em geral, com o som, entre outras coisas. Todos os departamentos envolvidos têm impacto direto na grande celebração.

Não custa nada lembrar: o culto é a nossa primeira e mais importante atividade.

capítulo 7
Os Grupos de Crescimento (GC)

A grande pergunta que fizemos bem no início da nossa jornada como igreja foi diferenciar método e princípio, ou visão. Quando já temos uma visão, podemos acrescentar ou não determinado método, e este pode ser mudado ou deixado de lado e aperfeiçoado. No entanto, um método jamais estabelece uma visão; ele não é mais importante que a visão.

Digo isso porque observo que muitos líderes, por não terem uma visão clara, saem em busca de um método de sucesso ou do momento e, quando o encontram, pensam em transformá-lo em visão da igreja. Sem que se deem conta, mudam para outros métodos e consequentemente a visão também muda.

A nossa realidade diz que "vejo uma igreja onde a comunhão é fruto de relacionamentos saudáveis". O fato de sermos assim leva-nos a usar os grupos de crescimento como ferramenta para fortalecer a nossa visão.

Os grupos de crescimento têm como objetivo central tornar a igreja forte durante a semana, não apenas aos domingos. Uma vez que nos relacionamos de segunda a sexta, tornamos o domingo uma celebração maravilhosa.

Bem-vindo à casa

Com base no que apresentamos anteriormente, a nossa segunda atividade mais importante são os GCs. Eles funcionam com os seguintes objetivos e nesta ordem:

1. Desenvolver relacionamentos;
2. Vincular as pessoas à igreja;
3. Proporcionar princípios cristãos práticos e fortalecer o DNA da igreja;
4. Descobrir, desenvolver, equipar e liberar líderes;
5. Estimular o serviço voluntário na igreja.

Entendemos que uma igreja se torna forte e relevante através de bons relacionamentos. Quando os relacionamentos são saudáveis, o ambiente da igreja, as atividades desenvolvidas e o compromisso das pessoas se fazem notar de forma positiva dentro da igreja.

Demoramos para chegar aqui. De fato, foi uma longa jornada de várias tentativas, erros e acertos. Mas valeu a pena. Desenvolvemos o nosso próprio método. Os estudos são temas considerados importantes para o crescimento da igreja. Não procuramos cobrir todos os assuntos da Bíblia, e sim focar os essenciais para o dia a dia das pessoas. Em várias ocasiões, utilizamos a mensagem do domingo para fortalecer a discussão nos GCs. Sempre estamos abertos a mudanças quando percebemos que são necessárias.

Os grupos funcionam semanalmente porque amamos desfrutar de momentos saudáveis de relacionamentos. Não usamos o termo *koynonia*, porque as pessoas comuns não sabem o que isso significa! Usamos propositadamente o termo "relacionamento" para todos entenderem. O nosso desejo é que cada pessoa da igreja esteja envolvida em um GC. Todas as pessoas! Ao chegar à igreja, a pessoa é encaminhada e incentivada a estar em um GC. Da mesma forma, todos os líderes fazem parte de um GC. Não temos GC exclusivo, como por exemplo: GC exclusivo para a equipe de louvor ou GC somente de homens de negócios, e assim por diante. Não que isso seja um problema, mas, na nossa experiência, funcionam melhor os GCs inclusivos.

Eu mesmo participo de um GC cujo foco é ser líder de líderes. Seguimos a mesma rotina dos demais grupos: estudos bem objetivos e de fácil compreensão, além de ter um horário para início e término!

Talvez você queira saber como ocorre a multiplicação dos grupos, quando eles crescem. Como somos uma igreja que forma líderes (voltaremos a esse assunto detalhadamente), o líder já começa a preparar seu sucessor assim que se inicia um grupo. O GC tem uma duração saudável com um número adequado de membros, que é aproximadamente de 10 a 15 pessoas; damos autonomia para o líder decidir quando chegou o momento de multiplicar seu grupo. A saúde de um GC também se verifica quando o líder é bem-sucedido em formar um ou mais líderes com a visão de cuidar de pessoas e que se trata de um privilégio poder pastoreá-las.

Somos muito criteriosos quanto à dependência das pessoas ao líder. Isso não pode ocorrer. O líder não interfere na vida das pessoas. Ele não interfere na vida de ninguém. O líder ensina pelo exemplo. Ele inspira as pessoas. Ele encoraja cada um a crescer em maturidade e fé. O líder lidera com responsabilidade por si mesmo. Cada um é responsável por seus atos. O líder não necessariamente é um pastor com um título, mas, sim, um pastor no sentido de cuidar das pessoas. Quando necessário, o líder aconselha e, se preciso, ele busca a ajuda de seu líder imediato. Algumas vezes, também me procuram. Costumo dizer que um líder precisa ser acessível, o que não significa dizer sempre disponível.

Bem-vindo à casa

Você deve ter percebido que um GC não é uma celebração como no domingo, embora juntos sejamos igreja; tampouco é uma reunião de oração, embora amemos orar; também não é um lugar de terapia, embora o ambiente seja propício para abrir o coração quando a pessoa se sentir à vontade. O GC é um grupo que: cresce no relacionamento entre as pessoas, cresce no relacionamento com Deus, cresce firmado na igreja local e cresce servindo uns aos outros nas atividades da igreja.

capítulo 8
A formação de líderes

A terceira e última atividade mais importante da nossa igreja é a formação de líderes. Somos claros em afirmar que não temos como foco formar pastores somente de título, nem missionários ou evangelistas de nomenclatura. Formamos pessoas que influenciarão o mercado de trabalho ou sua área de atuação. Acreditamos nas palavras de Jesus em afirmar que somos "sal e luz" na sociedade. Dessa forma, vemos em cada membro um potencial enorme de influência. De forma prática, criamos uma estrutura de ensino para formação específica de líderes com visão para servir à igreja local, embora no currículo abordemos boa parcela de teologia prática. Acreditamos que são abordados os pontos principais da caminhada de uma pessoa que segue a Cristo.

Estamos constantemente reformulando o nosso currículo quando se trata de formação de liderança. E isso se deve em parte à velocidade com que as informações se transformam e em parte à necessidade, cada vez maior, do número de líderes da nossa igreja. Além disso, precisamos ter a certeza de que a formação que oferecemos seja de fato eficaz na transformação e no crescimento em maturidade dos nossos líderes.

Bem-vindo à casa

A função básica de uma igreja relevante é fazer com que seus membros sejam maduros na caminhada com Cristo por meio de uma fé genuína. Uma fé que faça de cada seguidor de Jesus uma pessoa de caráter transformado, capaz de tomar suas próprias decisões fundamentado na Palavra de Deus, cujo estilo de vida esteja de acordo com os princípios da Palavra e que seja relevante na sociedade.

A visão de ser uma igreja relevante passa pelo processo no qual cada membro, no dia a dia, saiba viver o evangelho de Jesus e, quando isso acontece, outras pessoas serão atraídas a Cristo. Nesse sentido, o nosso programa de evangelismo se faz pelo testemunho pessoal. Cada pessoa vive o evangelho de forma prática em sua zona de influência, cuja mensagem é sua própria vida. Acreditamos ser essa a forma mais eficaz de evangelizar. Temos observado que o crescimento quantitativo da nossa igreja se dá pelo simples fato de pessoas convidarem outras pessoas porque têm experimentado algo transformador em sua vida; desse modo, possuem legitimidade para convidar outras a participarem da mesma experiência.

A formação envolve a consciência de que os líderes devem formar outros líderes. Como afirmamos, somos uma igreja que entende que passar o bastão é uma condição de crescimento e de perpetuidade de qualquer instituição, e a igreja não é exceção. Amo este assunto, pois creio ser um dos mais importantes em uma igreja. Quantos amigos pastores não se dão conta de que a vida passa e de que um dia terão de sair da linha de frente, o que ocorre, quer queiram quer não. Muitas igrejas talvez estejam com seus dias contados por irresponsabilidade de a liderança não ter a visão de formar pessoas. Muitos pastores pensam apenas no hoje, enquanto o amanhã é tão real como o presente.

Sobre o assunto de sucessão, algumas considerações precisam ser pontuadas. Geralmente os pastores não conseguem conversar e muitos menos agir por algumas razões:

1. Apego excessivo. Tratam a igreja como se fossem proprietários dela, seus donos e, em muitas situações, seus filhos e parentes são tidos como herdeiros dela.
2. Pensam ser eternos. Em outras palavras, fogem da realidade humana, como se os pastores não morressem nem perdessem a vitalidade.
3. Medo. Medo de investir na próxima geração. Pessoalmente, amo a geração dos 20 aos 25 anos. Invisto neles e não tenho receio de delegar-lhes autoridade. Com certeza, eles possuem áreas a ser trabalhadas, da mesma forma que eu. Eles são imperfeitos, e eu também sou.

Se eu invisto em dez líderes jovens e três deles, por exemplo, não correspondem ao investimento por sua imaturidade, testemunho de vida ou outro motivo qualquer, eu me alegro pelos sete que ajudei a formar. Amo conversar com pessoas que são potenciais, tanto no presente como para o futuro. Conversamos intencionalmente sobre igreja, sonhos, desafios, liderança e vários outros assuntos. Mas o real motivo é conhecer o coração das pessoas e prepará-las para assumir posições na igreja. Os resultados obtidos são impressionantes. Como bem diz John Maxwell: "Dê responsabilidades e você terá apenas seguidores. Dê autoridade e você terá líderes".

A minha maior responsabilidade à frente da igreja é prepará-la para os anos que virão, para a continuidade dela e para que sirva às várias gerações. A minha maior alegria é poder um dia estar sentado, contemplando alguém que desenvolvi, formei, fazendo melhor do que eu fiz. Não programo passar o "bastão" no leito da morte ou se tiver uma enfermidade grave. Quero fazer isso em sã consciência e ainda em pleno vigor.

É possível que Deus esteja falando com você, amigo líder, que neste momento lê este livro. Não ponha em risco o projeto tão lindo que Deus começou através da sua vida por motivos puramente pessoais. Empresário, esta advertência também é para você. Forme o seu sucessor. Esteja no conselho de administração. Forme alguém que tenha o seu "coração" e confie na "cabeça" (criatividade, ideias, visão) dessa pessoa mais jovem!

capítulo 9
A relevância na sociedade

Uma igreja relevante é aquela por quem, se fechasse as portas, a vizinhança e a sociedade fariam um abaixo-assinado pedindo sua reabertura. Ou seja, é uma igreja que dá mais para a sociedade do que dela recebe.

Só uma coisa faz uma igreja ser relevante: a generosidade. Porque tudo é efeito, só o amor é a causa. A generosidade é o amor em sua maior expressão. Generosidade é o amor prático.

Tudo começou porque "Deus tanto amou o mundo que deu o seu Filho Unigênito [...]". Aqui está a "gênese" da nova aliança. Deus não esperou que o mundo o amasse, que as pessoas o recebessem, que o ser humano o compreendesse, que as pessoas mudassem ou que elas o procurassem. Ele tomou a iniciativa.

Para mim, generosidade é mais do que dar alguma coisa. É, em primeiro lugar, ser proativo em relação às pessoas que nos cercam. É estar atento às necessidades que têm. É ouvir o coração das pessoas. É ter o ser humano como foco e tratá-lo como a maior criação de Deus. Generosidade é ter como principal mensagem o amor e o serviço. Essa é a mensagem que todos entendem. Enquanto as pessoas não perceberem que as amamos como são, elas não dirão o que desejam e precisam. Não abrirão o coração.

Bem-vindo à casa

Com a mensagem da graça, abrimos as portas e com a mensagem da generosidade nos sentamos em sua sala de estar:

Graça + generosidade (servir) = amor genuíno.

Em 2006, criamos o Instituto Vida Videira (IVV), uma organização filantrópica que cuida do serviço social da nossa igreja. Atualmente, o Instituto alcança uma dezena de comunidades carentes e, no momento em que escrevo este capítulo, milhares de atendimentos estão acontecendo por meio do trabalho voluntário de médicos, dentistas, psicólogos, terapeutas, entre outros. Além disso, temos cursos profissionalizantes, bem como orquestra de violino, time de futebol, creche e outras atividades educacionais. Noventa por cento do orçamento anual do IVV tem o suporte da CCVideira. Servir nos confere autoridade para compartilhar melhor ainda sobre Jesus Cristo e ver a transformação de vidas! Vemos pessoas deixando as drogas, o alcoolismo, a miséria. Falamos de vidas que hoje possuem esperança, perspectiva de vida, que são alcançadas através do amor genuíno na prática.

A realidade da população da cidade de Fortaleza, Ceará, no ano de 2014, foi de quase 10% da população vivendo em situação de extrema pobreza. Na época havia aproximadamente 700 favelas. Se cada igreja adotasse uma comunidade carente, a realidade da violência, da prostituição infantil, do tráfico de drogas, do analfabetismo, da fome, do desemprego já teria sido erradicada há muito tempo.

Jesus chama a atenção e nos dá um *insight* de como será o grande julgamento final em Mateus 25.31-46. Jesus toma nota de formas simples e práticas de atender às necessidades de quem tem fome e escassez ou de quem sofre ao nosso redor. Como temos complicado o evangelho de Jesus! Com que facilidade nos afastamos da praticidade e simplicidade da mensagem da cruz.

É comum pensar apenas em generosidade com relação à questão financeira, mas, na minha experiência, tenho visto que uma pessoa generosa, no que se refere à igreja, é ofertante e dizimista. O generoso é sensível às necessidades das pessoas. O generoso é proativo em ajudar o ser humano. O exercício da generosidade começa primeiro em casa, com os vizinhos, no trânsito, no trabalho, na escola, em qualquer lugar. A generosidade é um estilo de vida. É agir conscientemente com o coração. O generoso procura e encontra formas de dar sem dar desculpas para fazer o contrário. Ele não dá para receber, mas recebe porque dá. Conforme a Bíblia afirma, o generoso sempre prosperará!

Algo importante sobre a generosidade é que ela deve ser feita de forma inteligente. Ser generoso não significa sair doando para todo mundo. O generoso desenvolve a inteligência, a sabedoria, a prudência e o bom senso.

Acredito que sou uma pessoa generosa e amo ser generoso. Minha história de vida mostra isso. No entanto, não sou do tipo que considera qualquer pessoa na minha frente alvo de generosidade. É difícil de explicar, mas não posso deixar de dizer. É comum eu sentir uma "direção" forte no meu espírito, como uma voz interior que me direciona ou me impede de dar. Geralmente, somos levados a julgar outras pessoas, por pensar que poderiam ser mais generosas ou que agiram de forma errada em determinada situação; não é incomum tampouco encontrar outros que deveriam ser alvo da generosidade e não o são. Precisamos ter muito cuidado em ambas as situações.

Bem-vindo à casa

Generosidade não se pede, não se impõe. Trata-se, sim, de uma experiência que acontece no coração de quem dá. E, para quem recebe, é uma questão de graça e favor!

Uma igreja relevante sempre foca as necessidades da sociedade em que está inserida. Está atenta aos anseios das pessoas que não pertencem ao ambiente da igreja. Certamente, esse tipo de igreja possui as respostas adequadas para os anseios da população. Não tenho dúvidas de que a ação de igrejas relevantes está voltada para os "sem igreja", porque já basta de tentar alcançar diferentes tipos de pessoas, fazendo as mesmas coisas há anos, com mensagens antigas e métodos retrógados.

Caso você, líder, decida tornar sua igreja uma organização relevante, prepare-se para fazer coisas diferentes e revolucionárias, e não se intimide com as críticas. Elas certamente virão. E daqui a pouco os seus críticos imitarão você.

Inúmeras igrejas ao redor do mundo fazem coisas que nem sequer imaginamos. Muitas estão limpando praças, pintando casas de comunidades inteiras, reformando colégios, construindo casas, realizando culto em plena rua e, vale salientar, para qualquer pessoa! Outras estão adotando crianças abandonadas, enviando equipes para servir em catástrofes como *tsunamis*, terremotos e enchentes. Várias estão nos rios da floresta Amazônica, nos sertões, nos desertos, nos lugares mais estranhos e exóticos.

Quantos asilos, penitenciárias, comunidades terapêuticas de adictos estão sendo amparados pela Igreja de Jesus? E o que falar das ações contra o tráfico humano, de crianças e da exploração sexual? A lista é enorme! É a igreja presente em todas as áreas.

Basta de dizer que a igreja não faz nada! Não me venha com desculpas de que o problema é a falta de recursos! O que falta, na realidade, são líderes com visão do que é uma igreja relevante. Líderes que lideram fora dos domingos, dos cultos, das quatro paredes. Faltam, sim, líderes que queiram enxergar primeiramente a comunidade, o povo ao redor, a vizinhança. Líderes que ousem escutar o que o Espírito diz à igreja e que têm coragem para atuar.

Sim, é essa visão de ser relevante que enxergo. E, se esse assunto o empolgou, então prepare-se e certifique-se de que as portas da sua igreja local estão abertas e que você tem gente preparada para receber os milhares de milhares, porque as pessoas virão. Talvez venham inicialmente por curiosidade; depois virão por verem Jesus na vida e na prática dos filhos de Deus.

Parte 3

Somos assim

capítulo 10
Viver, amar e servir

Aqui está, em poucas palavras, o sentido de ser igreja para a CCVideira: viver a vida abundante; viver como filho de Deus; viver em Cristo. Viver para deixar um legado; viver a vida porque ela foi o maior presente que Deus nos deu.

Viver

Viver é o fundamento da caminhada cristã. É assim que tudo começa. Saber quem somos e quem é Deus faz toda a diferença. Viver é conhecer o nosso chamado; é mais que ter um nome pelo qual as pessoas nos chamam; é saber que somos filhos de Deus e isso não tem preço:

> Vejam como é grande o amor que o Pai nos concedeu: sermos chamados filhos de Deus, o que de fato somos! Por isso o mundo não nos conhece, porque não o conheceu. Amados, agora somos filhos de Deus, e ainda não se manifestou o que havemos de ser, mas sabemos que, quando ele se manifestar, seremos semelhantes a ele, pois o veremos como ele é. Todo aquele que nele tem esta esperança purifica-se a si mesmo, assim como ele é puro (1João 3.1-3).

Viver o chamado é entender que essa posição foi conquistada pela graça de Deus. Não se trata de nós, mas do que Cristo conquistou no Calvário. De forma prática, isso só pode ser vivido quando se tem intimidade com Deus. Sim, somos uma igreja que valoriza estar com Deus pelo conhecimento da Palavra, e isso na prática do dia a dia. Fazemos de tudo para que a mensagem pregada no púlpito seja aplicada.

Não posso deixar de me preocupar com um tipo de evangelho cujo único foco, para muitos, é preparar o ser humano para o céu sem levar em consideração a realidade que ele vive quando ainda está na terra. É importante entender que a nossa mente precisa pensar e viver as coisas do alto, mas precisa saber encarar a realidade do dia a dia com as verdades e os princípios da Palavra de Deus.

Na nossa missão de ser igreja, amamos a realidade de sermos humanos e acreditamos que o evangelho de Jesus não tem como objetivo eliminar a humanidade das pessoas. Pelo contrário, quanto mais humano somos, mais dependentes seremos de Cristo e de seu Espírito.

Viver essa humanidade não significa viver a mediocridade, e sim a vida abundante descrita por Jesus: "[...] eu vim para que tenham vida e a tenham plenamente!" (João 10.10). Acreditamos e encorajamos que as pessoas vivam essa vida aqui na terra, em todas as áreas, tendo Cristo como centro: "[...] "sem mim vocês não podem fazer coisa alguma" (João 15.5). Como igreja, celebramos a vida. E a saúde de uma igreja é medida quando seus membros conseguem viver, como seres humanos, as verdades do evangelho de Jesus em qualquer ambiente!

Vida plena é viver a realidade da vida encarando-a e confrontando-a com as verdades de Deus através de sua Palavra.

Amo o fato de saber que os heróis da fé não foram super-homens ou supermulheres, mas, sim, gente como a gente, sujeitos às intempéries da vida. Ter fé não significa ter tudo o que eu quero; significa aceitar tudo o que Deus tem para mim, e ainda crer que isso é o melhor dele na minha vida. Na prática, significa algumas vezes chorar, sentir dor, temer, angustiar-se, embora crendo que, em Cristo, teremos esperança de dias melhores e uma eternidade que está por vir.

Em Romanos 8, encontramos a seguinte afirmação: "Sabemos que toda a natureza criada geme até agora, como em dores de parto. E não só isso, mas nós mesmos, que temos os primeiros frutos do Espírito, gememos interiormente, esperando ansiosamente nossa adoção como filhos, a redenção do nosso corpo" (v. 22,23).

Verificamos claramente que ser cheio do Espírito é encarar a vida e saber que haverá momentos em que nos encontraremos com o gemido e com a dor. Quero encorajar você, líder, a ter coragem de viver sua humanidade e a inspirar outros a fazerem o mesmo. Basta de ambientes eclesiásticos em que as pessoas são forçadas a viver uma vida fora da realidade. Embora a vida com Deus seja sobrenatural, isso jamais significará não pertencer à nossa natureza humana. Quando você, líder, tiver a coragem de viver a sua humanidade diante dos seus liderados, com certeza a sua liderança será fortalecida e a sua dependência de Deus mais ainda.

Infelizmente, a frase *"somos uma igreja para pessoas imperfeitas"* parece estranha para muita gente. Mas esta é a realidade mais nua e crua no nosso meio. Acreditamos que, para poder "viver" a nossa missão de igreja, jamais poderemos fugir dessa verdade. Isso não significa satisfazer-se com a mediocridade, mas buscar o perfeito — Cristo.

Nele somos transformados por sua glória e por seu Espírito, acreditando que atingiremos a perfeição na eternidade.

Olhar em primeiro lugar para a imperfeição da nossa natureza nos ajuda a ser mais pacientes com as pessoas, a ter mais misericórdia. A compreender, encorajar e entender o processo de transformação de cada indivíduo.

Você há de concordar comigo que isso não acontece por meio de imposição de regras rígidas, de uma falsa religiosidade ou por força humana, mas pelo único processo que realmente opera transformações permanentes, a ação do Espírito Santo. Reconhecer a nossa imperfeição também é uma forma de cooperar com a dependência de Deus e com a experiência de que somente ele tem poder, e sem ele nada podemos fazer. Isso faz com que a glória seja sempre exclusivamente dele.

Uma das maiores satisfações que tenho é ouvir a história de pessoas que chegaram à nossa igreja com uma vida sem sentido, tanto do ponto de vista familiar como profissional ou sentimental, cujo convívio na igreja proporcionou-lhes a experiência de iniciar um relacionamento com Jesus. De imediato, a vida delas passou a ter sentido. Isso é viver. É nesse sentido que, como igreja, nos sentimos felizes de ser um lugar no qual promovemos um encontro pessoal com o Salvador Jesus Cristo, que faz toda a diferença na vida de qualquer ser humano.

Viver é sobre ele. Nada mais importa. Nada tem mais significado que indicar o caminho, ensinar, capacitar, encorajar a viver essa vida em Cristo. Quando as pessoas permitem desfrutar o que ele tem a oferecer, viver o dia a dia faz sentido. Como igreja, nada nos dá mais prazer.

Viver, amar e servir

Registro a seguir alguns depoimentos de pessoas, o que elas pensam e como se sentem na igreja.

"Há nove anos (2005), conheci esta igreja, que é minha segunda casa. Uma bênção na minha vida, que tem me ajudado a crescer e a fazer a obra de Deus nesta terra. Eu não tenho palavras para dizer quanto sou grata e amo a minha igreja. Sim, amo a minha igreja. Amo os amigos que eu conquistei através da igreja. Obrigada, Senhor, e que a nossa igreja continue crescendo e dando frutos até o dia em que todo o Corpo de Cristo esteja em outra dimensão adorando o Senhor eternamente!"

"Amo a igreja que me acolheu e me apresentou um Deus vivo, que me consolou, libertou, curou e que me ama como sou! Louvo a Deus pelos meus líderes que, com sabedoria, têm pastoreado esta igreja maravilhosa! E que venham muitos anos de transformação de vidas através da nossa igreja Videira."

"Fico muito feliz de fazer parte desta igreja linda, que comecei a frequentar desde a comemoração dos 7 anos. A CCVideira é uma bênção, e a cada ano eu agradeço por fazer parte dela e me alimentar de palavras vivas e edificantes."

"Amo muito a minha igreja! Uma igreja relevante, tão diferente e tão importante na minha vida!"

"A minha igreja é uma bênção na minha cidade!"

"Sou muito grata a Deus pela minha igreja e por tudo que ele tem feito na minha vida neste lugar!"

"A minha igreja? Simplesmente demais!"

"Por muito tempo sonhei com uma igreja onde eu fosse aceito como sou; na qual as pessoas me recebessem com todo amor e carinho, independentemente de qualquer circunstância. Em 2013, encontrei

Bem-vindo à casa

esse lugar. Uma igreja imperfeita, mas de um Deus perfeito. Uma igreja de pessoas que 'vivem, amam e servem' com alegria. Sou muito grato a Deus pela minha igreja. Lugar no qual tenho sido abençoado e tenho aprendido mais sobre o perfeito amor de Jesus Cristo. Na minha igreja é 'proibida a entrada de pessoas perfeitas'."

"A minha igreja, Videira, é uma comunidade relevante na minha cidade, que não prega regras, condenação ou religião, mas prega Jesus, seus princípios, graça e salvação. Aprendi a amar a igreja neste lugar há quase cinco anos, quando Deus me plantou nesta casa e onde tenho aprendido a 'viver, amar e servir'."

"Conheci a CCVideira há alguns meses. Uma igreja muito acolhedora que aceita todos com os defeitos que tenham e cuja intenção é apresentar um Deus perfeito a quem devemos amar e em quem devemos nos espelhar. A igreja é o melhor lugar para se estar. Um lugar que nos ensina as coisas certas pela Palavra, e por meio disso nos afastamos das erradas. E é isso que há seis meses vem acontecendo comigo com a ajuda do meu GC (Grupo de Crescimento) e de todos os membros. Tenho muito a agradecer a esta igreja pelo que sou hoje e a cada dia que passa. Agradeço as pessoas que têm me ajudado desde o começo. Queria muito ter aceitado o primeiro convite que recebi para ir para a Videira, mas o importante é que na hora certa encontrei o meu lugar, a minha igreja! Que a minha igreja seja muito abençoada para alcançar 20, 200 e milhares de pessoas para Jesus!"

"Estou na CCVideira Centro e, desde que começou este trabalho, também nasceu ali uma nova criatura em Cristo. Agradeço a Deus pelos pastores e pelas pessoas que servem na igreja. Sim, por existirem e servirem a Deus, buscando ensinar e viver a Palavra de Deus. Existem duas versões minhas: uma antes de conhecer a Cristo, perdida, depressiva, sem esperança; e outra que, depois de conhecer o amor de Cristo e a cada mensagem, conheceu um Deus que a ama de tal maneira que deu seu único Filho por amor a ela. Também conheci e nunca mais esquecerei que a vontade de Deus é boa, perfeita e agradável. A equipe desta igreja foi um instrumento de Deus para salvar a minha vida, pois pensei em suicídio várias vezes e sei que Deus não colocou seu servo e esta igreja à toa no meu caminho. A minha vida hoje se resume em 'viver, amar e servir' 24 horas por dia. Sou voluntária na CCVideira Centro, e amo tudo o que faço por cada vida!"

Encorajo cada líder a usar sua influência de forma saudável e intencional para que as pessoas ao redor tenham a vida que Cristo conquistou. Como fazer isso? Não impondo algo que nem mesmo Jesus exigiu. É muito interessante o parecer de Tiago e dos apóstolos quando Paulo foi para Jerusalém, que indicava como ele deveria proceder com os gentios que estavam seguindo Jesus: "[...] Tiago tomou a palavra e disse: [...] 'Portanto, julgo que não devemos pôr dificuldades aos gentios que estão se convertendo a Deus' " (Atos 15.13,19).

Uma das características da presença do Espírito Santo na igreja é a liberdade: "Ora, o Senhor é o Espírito e onde está o Espírito do Senhor ali há liberdade" (2Coríntios 3.17). Devemos deixar as pessoas livres e focar aquilo que elas podem fazer e em que são boas. É preciso criar um ambiente de leveza e levar as pessoas a serem responsáveis por suas decisões. Ensiná-las? Sim! Com certeza! Mas abertas ao que o Espírito faz de melhor.

"Viver", segundo a nossa missão de igreja, abrange essa área tão importante na caminhada de vida de uma pessoa que segue a Cristo. Espero ter encorajado você, leitor, a tomar as decisões certas para ver a sua comunidade cheia de pessoas alegres, felizes por estarem na igreja, cheias de esperança e abertas para receber uma palavra que as incentive a caminhar com Cristo.

Amar

O amor é causa! É alicerce! É o fundamento para qualquer ação na nossa caminhada, "um caminho ainda mais excelente!" (1Coríntios 12.31). Como processo, o amor acontece em um segundo momento, depois que entendemos que foi Deus quem nos amou primeiro. Depois que decidimos viver e andar com Deus, como Paulo mesmo disse, o amor se transforma em uma jornada, um caminho, uma forma de viver.

O amor não é momentâneo ou circunstancial. Quando amamos, aparecem reflexos nas atitudes e nas intenções do coração, porque o amor verdadeiro nasce e se desenvolve no mais íntimo do nosso ser. Nele, e somente através dele, é que o amor tem condições de desabrochar. Porque não se consegue amar se não for através do coração, do mais profundo da alma.

Não tenho como pretensão definir teologicamente o amor, porque sobre esse assunto há vários textos na Bíblia. Mas desejo abordar, de forma prática, como vivemos esse fundamento elementar, sem o qual nada somos.

Foquemos primeiramente de que maneira amamos a Deus. De forma direta, seria importar-se com o que a ele importa e chorar por aquilo que ele chora. Simples. Se Deus ama sua Palavra, devemos amá-la também. A CCVideira ama, pratica, prega e inspira a Palavra de Deus, é transformada por ela e confia nela.

Se Deus se importa com sua igreja, devemos também nos importar com ela. Sim, se tem algo que amamos de verdade, é a igreja.

A igreja foi a maior ideia de Deus depois de ter criado o ser humano. Nada se compara a uma igreja em termos de influência positiva em uma sociedade quando ela é saudável. Amamos a igreja local. Zelamos para que a Igreja de Jesus e a casa de Deus sejam valorizadas. Podemos não concordar com atitudes e motivações de alguns líderes religiosos, mas jamais denegriremos a instituição. A Igreja é dele, de Cristo. Do nosso ponto de vista, não há igreja certa ou errada. É uma atitude muito perigosa pensar que determinada igreja local é a única igreja ou a melhor. Vale salientar que o Reino de Deus é infinitamente maior que determinada denominação ou igreja local. Assim como uma família ou um casamento, não existe nenhum deles perfeito.

Se Deus se importa com pessoas, também nos importamos. A igreja tem a ver com pessoas; pessoas transformadas. O indicador de sucesso para nós é ver a transformação acontecer no nosso meio. Prédios, cadeiras, atividades, recursos — nada disso faz sentido se não tiver o foco de abençoar as pessoas. Talvez você, líder, se pergunte: "Será que estou no caminho certo? Como acender o fogo e manter a paixão de viver com entusiasmo de forma contínua? Será que a igreja que Deus me confiou está agradando a ele?".

A resposta é simples: observe se há transformação de vidas, pessoas inspiradas a seguir Jesus, cheias do Espírito de Deus. Isso resultará em lares saudáveis, seres humanos melhores, jovens comprometidos, homens e mulheres arrependidos de seus pecados com o desejo de viver Cristo em suas atitudes. Isso, sim, é amar a Deus como igreja e como seguidor de Jesus.

Costumo fazer as seguintes perguntas a mim mesmo: "Senhor, o que ninguém está fazendo, quais pessoas ou grupos de pessoas não estão sendo alcançados? Como o Senhor gostaria que as pessoas fossem tratadas? Que tipo de mensagem causará maior impacto nas pessoas a ponto de se arrependerem de seus pecados e amarem mais o Senhor?".

Procurar saber o que agrada a Deus é uma tarefa que, embora pareça simples, não é tão fácil assim. Acredito que Deus tem um relatório para cada igreja. Assim como há em Apocalipse uma carta para cada uma das sete igrejas, penso que cada líder deve buscar secretamente a Deus e pedir esse relatório ao Espírito Santo. Isso é amar a Deus. Deus se agrada disso.

Se cada pessoa é diferente, com suas particularidades e sua missão de vida, o que mais agrada a Deus é ver em cada ser humano que a vontade dele se cumpra nessa pessoa e que ela exerça seu potencial. Uma igreja não abre as portas simplesmente; ela nasce do coração de Deus. Amar a Deus como igreja é existir cumprindo a missão dada a ela, específica e peculiar. Não fazendo algo por fazer ou porque os demais estão fazendo. Acredito que todas as nossas atividade devem ser criteriosamente avaliadas e repensadas, tendo em vista o que Deus quer e seu propósito. Não estou dizendo que é errado inspirar-se em outra igreja ou em outro ministério; pelo contrário, confesso que faço isso sempre e tenho aprendido muito com outras igrejas ao redor do mundo e com grandes líderes e homens de Deus, embora sempre tenha o cuidado de verificar se algo em especial faz parte do que Deus deseja que nós sejamos como igreja. Buscar o Espírito Santo e ter a coragem de ser dirigido por ele é amar a Deus. Sempre devemos tomar cuidado com algo que está dando certo em outras igrejas e que não pode ser simplesmente copiado, achando que dará certo conosco. Pode até dar certo, mas nem tudo que dá certo é da vontade de Deus para nós. Nem toda boa ideia é uma ideia de Deus.

Como líderes, acredito que precisamos viver, na prática, o texto da Bíblia que diz:

> Ainda que eu fale as línguas dos homens e dos anjos, se não tiver amor, serei como o sino que ressoa ou como o prato que retine. Ainda que eu tenha o dom de profecia, saiba todos os mistérios e todo o conhecimento e tenha uma fé capaz de mover montanhas, se não tiver amor, nada serei. Ainda que eu dê aos pobres tudo o que possuo e entregue o meu corpo para ser queimado, se não tiver amor, nada disso me valerá. O amor é paciente, o amor é bondoso. Não inveja, não se vangloria, não se orgulha. Não maltrata, não procura seus interesses, não se ira facilmente, não guarda rancor. O amor não se alegra com a injustiça, mas se alegra com a verdade. Tudo sofre, tudo crê, tudo espera, tudo suporta. O amor nunca perece; mas as profecias desaparecerão, as línguas cessarão, o conhecimento passará. Pois em parte conhecemos e em parte profetizamos; quando, porém, vier o que é perfeito, o que é imperfeito desaparecerá. Quando eu era menino, falava como menino, pensava como menino e raciocinava como menino. Quando me tornei homem, deixei para trás as coisas de menino. Agora, pois, vemos apenas um reflexo obscuro, como em espelho; mas, então, veremos face a face. Agora conheço em parte; então, conhecerei plenamente, da mesma forma com que sou plenamente conhecido. Assim, permanecem agora estes três: a fé, a esperança e o amor. O maior deles, porém, é o amor (1Coríntios 13.1-13).

Resumindo, o texto é bem claro em afirmar que sem amor a nossa linguagem não tem sintonia alguma e não emite nenhum acorde. Os dons espirituais são para o nosso usufruto, não para os outros. Sem amor, a generosidade, em vez de beneficiar as pessoas, passa a ter outra finalidade, a de se autopromover. Viver sem o amor de

Deus é um perigo. Só o amor constrói; ele é o fundamento. Sem amor, tudo passa e voa; só nele tudo se estabelece e permanece. O amor é a causa.

A grande pergunta é: Como fazer com que o amor deixe de ser uma bela mensagem de púlpito e passe a existir fora das quatro paredes da igreja? Como torná-lo a prática da segunda-feira, da semana e um verdadeiro estilo de vida? Deixe-me relatar o que fazemos e o que tem feito a diferença.

Primeiro, conforme já relatamos, amamos as pessoas como elas são. Aprendemos a não nos escandalizar com nenhuma história de vida. Não importa quão horrível tenha sido o passado de uma pessoa, aprendemos a tratá-la bem, constrangendo-a pelo amor. Fazemos de tudo para que ela se sinta bem entre nós. Acredito que o amor cobre uma multidão de pecados: "Sobretudo, amem-se sinceramente uns aos outros, porque o amor perdoa muitíssimos pecados" (1Pedro 4.8). Significa dizer que uma pessoa deve ser amada, não importa seu passado nem seus pecados; nesse sentido, não precisamos descobri-lo, investigá-lo, apurá-lo etc. O que realmente tem valor é o que ela faz hoje e deseja hoje; dessa forma, seu presente tem mais valor. Essa pessoa tem uma chance enorme de seguir a Cristo e ao mesmo tempo de ser encorajada a abrir sua vida para o Espírito Santo e receber cura e perdão. Quando a igreja local for esse lugar, na prática está amando o pecador. Costumamos dizer que somos uma igreja que confia mais no poder do Espírito Santo que na força das normas. A misericórdia triunfa sobre o juízo: "porque será exercido juízo sem misericórdia sobre quem não foi misericordioso. A misericórdia triunfa sobre o juízo" (Tiago 2.13).

A graça abre a porta para o ser humano se achegar a Deus, ao passo que a verdade o coloca frente a frente com Deus para que seja curado e transformado. A graça salva. A verdade liberta. A graça recebe o homem como ele é; a verdade não deixa o homem onde ele está. A graça sempre dirá o que é possível; a verdade dirá o que é preciso. A graça é sobre o que já foi feito; a verdade é sobre o que precisa ser feito.

Crie um ambiente saudável, leve e confortável. Quando for o caso, trate o pecado com uma conversa, no aconselhamento, no âmbito do relacionamento e com amor. Confrontar o pecado não é sinônimo de ser rude, grosseiro, agressivo. A propósito disso, não vejo que confrontar o pecado seja a única e a mais importante mensagem da igreja. Acredito que a mensagem do evangelho leva o homem a um profundo desejo de transformação, o que acontece pelo arrependimento trazido por meio do Espírito Santo.

Servir

Amo falar sobre esse assunto porque ele traduz uma cultura muito forte da nossa igreja. Nos cultos e nas muitas atividades que desenvolvemos na semana, inúmeros são os voluntários que se doam pelo fato de que as pessoas importam.

Mas o que significa servir? Entendo que servir é um esforço que uma pessoa exerce em favor de outra ou de uma comunidade; esse serviço beneficiará outras pessoas sem que a pessoa que serve receba algo em troca. Trata-se da capacidade que alguém tem de simplesmente se importar com o outro e se oferecer de forma antecipada a uma necessidade real. É fazer mais que obrigação e não desejar receber um benefício por isso.

Bem-vindo à casa

Quando vejo inúmeros voluntários nas diversas áreas do culto ou nas atividades da igreja, seja no estacionamento, seja na recepção, seja na mídia, seja no berçário, fico a me perguntar o que eles ganham com isso. E a resposta é simples: o prazer de um sentimento ímpar que só sabe quem serve. E não tenho dúvida de que essa experiência vem de Deus.

Por que servimos? Porque é a natureza de Jesus. É a essência de Deus. É pensar de forma abrangente: é assim que o Reino de Deus funciona e cresce. O interesse genuíno de servir ao próximo é a cultura do Reino. Se dissemos que desejamos servir a Deus, então devemos servir às pessoas.

Uma das passagens na Bíblia que vale a pena trazer neste contexto é quando Jesus expõe seu real motivo de ter vindo ao mundo:

> Quando terminou de lavar-lhes os pés, Jesus tornou a vestir sua capa e voltou ao seu lugar. Então lhes perguntou: "Vocês entendem o que fiz a vocês? Vocês me chamam 'Mestre' e 'Senhor', e com razão, pois eu o sou. Pois bem, se eu, sendo Senhor e Mestre de vocês, lavei os seus pés, vocês também devem lavar os pés uns dos outros. Eu dei o exemplo, para que vocês façam como lhes fiz" (João 13.12-15).

Sinceramente, sou fascinado por esse texto. Aqui está uma das mais importantes características da natureza de Jesus: servir!

Para mim, a maior característica de um líder é o coração disposto a servir. Descobrir, desenvolver e liberar as pessoas e comunicar, todos são itens importantes, mas, se o líder não tiver um coração de servo, de amar e de servir, então sua liderança é fraca. Os líderes que servem são fortes e, ao mesmo tempo, possuem uma influência exponencial. Quer conhecer se uma pessoa é líder? Veja se o coração dela vibra em servir.

Como servimos? Com amor. Se o amor não for o combustível e a real intenção do coração, praticamente nada será possível. Quando amamos, não queremos nada em troca. Quando amamos, não importa o lugar, a hora e o que fazemos, desde que as pessoas sejam beneficiadas. Servir com o coração cheio de amor é o principal fundamento. Voluntários cheios de amor servem com dedicação, eficiência, presteza e constância.

Sejamos sinceros: todas as vezes em que nos dedicamos a servir e o fizemos com amor, saímos mais satisfeitos que os próprios beneficiários do serviço. Quando o combustível da nossa alma for o amor de Deus, nenhum obstáculo será grande o suficiente para o que nos for proposto. Podemos ter milhares de pessoas servindo, mas, se o amor de Deus não estiver no coração de cada um, o serviço será restrito e não perdurará. Uma equipe de voluntários cheios de amor é uma equipe unida e forte. Dentro da nossa cultura, inspiramos os voluntários a serem primeiramente cheios do amor de Deus e, desse modo, o serviço alcançará seu objetivo.

Como servimos? Com excelência. Fazer com esmero. Fazer dando o melhor. Todos gostamos do que é feito com excelência. Talvez nem todo mundo faça as coisas com excelência, mas é inegável que todos apreciam o que é feito com esmero e diligência. A excelência tem um preço, custa caro. Mas o preço que se paga por algo mal feito é muito maior.

Acredito que excelência é também uma questão de decisão. Precisamos ser honestos quanto a esse tópico. A excelência é resultado de uma atitude, mas também deve estar acompanhada de uma avaliação. Para isso, é preciso ter pessoas de visão que decidam e queiram que algo seja feito com determinado padrão de excelência. Sim, é preciso ter um parâmetro, para poder medir e comparar. Não é sábio designar uma pessoa para organizar um evento (casamento, aniversário, reunião) se ela nunca organizou nada ou nunca foi a um espetáculo, a um evento de tirar o fôlego, ou se nunca participou de uma conferência de âmbito nacional ou internacional. Essa pessoa não disporá de elementos para estabelecer o parâmetro necessário.

Jim Collins chama de "criatividade empírica" o resultado do que já vimos, experimentamos, vivenciamos e conhecemos com profundidade. Nesse caso, a criatividade flui com naturalidade. Outro aspecto importante é a preocupação pelos detalhes. O toque da simplicidade! A cereja do bolo! O morango na borda do copo! Não posso negar que isso é um dom. Sabe aquele detalhe que muda a sua sala? A colocação do jarro, o tipo de planta, a luz ambiente. Isso faz toda a diferença! É importante dizer que nem sempre é preciso muito recurso. Faça tudo para ter alguém talentoso quando o assunto é excelência. Você colherá belos frutos.

Como servimos? Com compromisso. É comum você me ver falando de voluntário profissional. Parece um contraste, mas não é. Deixe-me explicar. Considero que o verdadeiro voluntário é diferente de um profissional ou de um colaborador de instituição; embora não seja remunerado financeiramente, tem todos os outros elementos: pontualidade, assiduidade, compromisso formal e resultado. Essa é a minha definição de comprometimento. Servimos dessa forma.

O amor constrói um ambiente de voluntariado saudável, e a excelência sustenta essa atmosfera. Mas somente o comprometimento faz expandir em todas as esferas o espírito voluntário.

Um voluntário comprometido produz mais voluntários comprometidos. Isso é impressionante! Anote isto e não se esqueça:

Voluntariado = Amor + Excelência + Comprometimento.

Acredito que agora você deva ter compreendido a que me refiro com "voluntário profissional". Servir não é fazer qualquer coisa de qualquer jeito. Servir é comprometer-se com uma causa.

Como servimos? Com o coração. O serviço voluntário exige coração. Diferentemente de um sentimento, quando pomos o coração no serviço é porque estamos 100% envolvidos. Significa também dizer que a nossa intenção ultrapassa o que é visto no exterior. Fazer é consequência de ser. Voluntários que servem com o coração não se preocupam onde servem, e sim a quem servem. Servimos primeiramente a Deus. É Deus quem nos recompensa. A nossa preocupação é como Deus nos vê servindo. Quais são as nossas motivações quando servimos? Quais são as nossas reais intenções? Servir com o coração rompe todos os critérios de posições de destaque, de holofotes e publicidade. Quem tem o coração de servo verdadeiramente reflete o caráter de Cristo.

Por que servimos? Porque a natureza de Deus é servir. Jesus mostrou que servir fazia parte de sua natureza. Não importava o local em que estivesse, com quem estivesse, a situação que passasse, a atitude de Jesus sempre era servir. Portanto, esse assunto é algo natural no Reino de Deus. Em Cristo, a nossa real natureza foi resgatada. Com o passar do tempo, a nossa mente foi bombardeada pelo prazer de ser servido, e isso prejudica quem nós somos de fato. Pagamos, exercemos poder, vivemos a falsa sensação do bem-estar de ser servido. No entanto, trata-se do oposto: quanto mais servimos, mais voltamos ao estado original. Steve Sjogren diz: "Quando servimos, estamos sendo apenas quem naturalmente somos".

Não se trata de prestar um serviço, mas de refletir a natureza de Jesus em nós. Não se trata de preencher um lugar na igreja ou de ter uma atividade nos cultos, mas de uma questão de mentalidade transformada, é enxergar que servir a Deus na prática é servir às pessoas expressando o amor de Deus por elas.

Leia o seguinte texto: "Porque Deus tanto amou o mundo que deu o seu Filho Unigênito, para que todo o que nele crer não pereça, mas tenha a vida eterna" (João 3.16). Há aqui duas palavras que definem o caráter de Deus e que são a mensagem que transforma o mundo: amar e dar.

Não existe amor sem doação. Quando servimos, expressamos esse amor com a nossa própria vida. A mensagem que o mundo inteiro entende e a mais fácil de captar é: amar e servir. Descomplicamos o evangelho de Jesus dessa maneira. Todas as igrejas que entenderam e vivem essa verdade experimentam um crescimento incrível de pessoas transformadas pelo poder do evangelho de Jesus. Essa mensagem é simples, mas atrai as pessoas para Jesus. O Filho de Deus não veio para ser servido, mas, sim, para servir!

Por que servimos? Porque a fé sem obras é morta.

De que adianta, meus irmãos, alguém dizer que tem fé, se não tem obras? Acaso a fé pode salvá-lo? Se um irmão ou irmã estiver necessitado de roupas e do alimento de cada dia e um de vocês lhe disser: "Vá em paz, aqueça-se e alimente-se até satisfazer-se", sem, porém, lhe dar nada, de que adianta isso? Assim também a fé, por si só, se não for acompanhada de obras, está morta. [...] Assim como o corpo sem espírito está morto, também a fé sem obras está morta. (Tiago 2.14-17,26)

Ter fé também é servir. Fé e serviço andam juntos. Quando deparamos com esse texto, percebemos quanto costumamos complicar um evangelho que é tão simples e prático. Servimos simplesmente porque fazer isso é ser coerente com o que Jesus viveu e ensinou. É terrível pensar em uma igreja que conta apenas com clientes, ou seja, com pessoas em torno das quais giram praticamente todas as coisas: o som, as cadeiras, a iluminação, a mensagem, o louvor. De forma inconsciente, elas ocupam um espaço cujo objetivo é somente receber.

Sabe o que acontece com uma igreja assim? Pessoas críticas, que reclamam e falam de tudo e de todos. O texto é bem claro, de que adianta dizer que temos fé? Igreja madura tem o serviço em seu DNA. Quer ver a sua igreja avivada, encorajada e unida? Comece a inspirar as pessoas ao serviço. Elas se sentirão participativas, assumirão a igreja como sua própria casa, verão na pele a dificuldade de lidar com as inúmeras críticas de "irmãos" que no culto adoram a Deus, mas são grosseiros no estacionamento com as pessoas. Como a igreja cresce quando o espírito voluntário toma conta! Não se esqueça: fé e serviço caminham juntos.

A quem servimos? A todos, sem distinção. Para você entender melhor, deixe-me ilustrar este tópico com o exemplo de Jesus e seus discípulos. Você há de concordar que ele amou todas as pessoas e lhes serviu como ninguém mais. O problema é que somos tendenciosos a servir aos "Joões" Ou seja, àqueles que são extremamente leais a nós. São aqueles aos quais confiamos até mesmo a nossa mãe, como fez Jesus. Mas, no nosso meio, necessitamos servir aos "Pedros": pessoas que na hora "h" falham conosco. Também devemos servir aos "Tomés": que nem sempre acreditam em quem nós somos. E servir aos "Bartolomeus": você já leu algum escrito do discípulo chamado Bartolomeu? Sabia que ele foi um dos Doze? Quem são os "Bartolomeus"? Pessoas desconhecidas. Ah, servir também aos "Judas"; sobre estes não preciso dizer mais nada!

Como afirmei, servir não se refere a fazer alguma coisa na igreja; refere-se a uma forma de tratar o nosso caráter; é uma forma de testar a nossa fé. Acredite, a sua comunidade experimentará uma dimensão espiritual nunca vista quando você deixar de ter membros clientes para ter membros voluntários. Para algumas funções, encorajamos até aqueles que são novos na caminhada cristã a servirem, porque entendemos que também é uma forma de eles serem tratados por Deus e de se firmarem na igreja local. Quantos deles, na convivência com outros voluntários, começam a entender o evangelho de forma prática! Sim, temos a coragem de arriscar e saber que nunca teremos pessoas perfeitas entre nós. Com certeza, alguns critérios são exigidos de acordo com cada função, mas temos visto que servir tem ajudado muitos a se firmarem no evangelho e na igreja local.

Uma das minhas maiores alegrias é ver uma visão se tornar realidade: "Eu vejo uma igreja onde cada membro é servo (voluntário) porque entende que esta é a natureza de Deus: servir".

A cada culto que vou, encontro aquele enorme exército de voluntários e vejo uma atmosfera completamente diferente. É impressionante como a igreja cresce e amadurece. Eu tenho o seguinte alvo: um voluntário para cada três membros, ou seja, um terço da igreja servindo. Você deve se perguntar como é possível atingir essa marca. Ensine, inspire e dê oportunidade para que isso aconteça. Isso não acontece de uma hora para outra. Quando você visitar qualquer das nossas igrejas perceberá impregnada a cultura do serviço.

Desejo que esse assunto o tenha inspirado e que na sua igreja ou organização o serviço voluntário seja a sua grande riqueza.

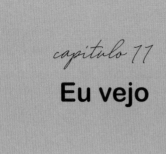

capítulo 11
Eu vejo

Estávamos nas primeiras semanas de 2009 quando eu preparava uma mensagem para a igreja que servisse de encorajamento e desafio para o que nos esperava. Foi exatamente aí quando comecei a escrever como eu via a igreja nos anos futuros. Foi assim que nasceu o documento *Eu vejo*.

Desde então, essa tem sido a base do que acreditamos ser como igreja. Diante de uma dúvida qualquer dos líderes, dos membros ou das pessoas sobre a nossa igreja, citamos o *Eu vejo*. Vejamos a seguir cada um dos pontos dessa visão.

1. **"Uma igreja na qual cada membro é conhecido por Deus através de um profundo relacionamento com ele."**

Referências: Salmos 25.14; 116.1,2; Romanos 12.2.

Acreditamos que toda e qualquer atividade (culto, GC, louvor, pregação) só faz sentido quando aponta Jesus para as pessoas e as leva a entender que o privilégio de podermos nos relacionar com Deus está disponível a todos e é a maior riqueza que um ser humano pode ter.

Tudo que somos e fazemos é sobre Deus e seu Filho Jesus Cristo. Acreditamos que o relacionamento genuíno com ele gera transformação na nossa vida.

A grande pergunta é: Como relacionar-se com Deus no dia a dia? Tudo começa com a **oração**. Não me refiro ao ato religioso de repetir palavras sem sentido, mas à oração que vem do coração, que é feita com a intenção de ouvir Deus, ser ouvido e recompensado apenas por ele.

Em segundo lugar, a **meditação** e a prática da Palavra de Deus. A leitura da Palavra não como forma de obter informação, mas de passar por uma transformação contínua por meio da prática.

Finalmente, a **adoração**. Contemplar Deus por quem ele é e expressar sua grandeza em tudo que fazemos.

O relacionamento com Deus através da oração, da Palavra e da adoração nos muda de dentro para fora. Um dos sinais claros é que somos enchidos por um profundo desejo pela eternidade. Ou seja, passamos a valorizar mais o que é eterno em vez do que é terreno. Em outras palavras, os nossos valores (aquilo que determina o nosso comportamento e as nossas prioridades) passam a ter como base o padrão de Deus e sua vontade.

Para finalizar, os textos sugeridos para **meditação** nos levam a perceber que somente através de um profundo relacionamento com Deus vamos desfrutar de tudo que ele tem para a nossa vida: "seus segredos e aliança", e essa é minha oração para cada membro da CCVideira.

2. **"Uma igreja na qual cada um é conhecedor e praticante da Palavra de Deus."**

Referências: Tiago 1.21-25; Salmos 1; 1João 2.4; Hebreus 4.12.

Tive a graça de crescer em um ambiente no qual, desde criança, os meus pais contavam histórias da Bíblia. Como eu amava ouvi-las!

Sabia de cor a maioria delas. Desde então, aprendi a valorizar a Palavra de Deus e sua orientação em cada uma das decisões da minha vida, desde as grandes até as menores.

Não me imagino sem a Bíblia. Tenho convicção de que é pela Palavra de Deus que cada membro da CCVideira é transformado. Para mim, um dos maiores sinais de uma igreja saudável é quando seus membros são conhecedores e praticantes da Palavra de Deus. Não há como fugir dessa verdade.

Nós seres humanos sempre seremos leigos em alguma área. Não importa quão especializado seja em uma disciplina, certamente sou um aprendiz iniciante em várias outras. Tendo isso em mente, cheguei à conclusão de que, de tudo no mundo que há para se conhecer, não podemos abrir mão de conhecer a Palavra de Deus. Essa é uma área cujo aprendizado deve ser intencional, não leigo!

O conhecimento e a prática da Palavra de Deus não estão disponíveis apenas para alguns; na verdade, trata-se de um convite ao único caminho para os que decidirem seguir, obedecer e conhecer a Cristo porque, ainda hoje, ela continua sendo viva e eficaz.

3. "Uma igreja conhecida pela excelência da glória de Deus."

Referências: Gênesis 1.31; Salmos 8; Provérbios 22.29; Mateus 5.16; 25.14-30; Colossenses 3.23.

Gosto de coisas boas, de qualidade. Amo a excelência! E quem não gosta, não é mesmo? Duvido que você comeria em um restaurante onde a cozinha fosse suja, os banheiros imundos, a comida sem qualidade e, para piorar, com um preço exorbitante!

Se é para Deus, amo fazer da melhor forma e dar o melhor que posso. A excelência é uma característica comum em tudo que Deus faz e a expressão de sua natureza. Quando agimos com excelência e damos o melhor, estamos refletindo a natureza do nosso Pai, aquele que nos criou, pois ele também não poupou o que tinha de melhor: seu Filho.

Hoje, ter um estilo de vida que siga esse exemplo é uma forma de adoração e reconhecimento! Além disso, é também uma forma de valorizar as pessoas que usufruirão aquilo que fazemos e pensar nos demais.

Ser excelente e dar o melhor é algo que vai além do mérito pessoal; é, na verdade, entender o valor de cada ser humano que irá se beneficiar daquilo. A excelência sempre inspira.

Vale notar que, por toda a Bíblia, a excelência fazia parte da vida das pessoas fiéis e diligentes. É simples! Quando eu posso dar o melhor e não o faço, estou sendo infiel. O oposto também é verdadeiro: fazer o melhor que podemos, e fazê-lo continuamente, é ser fiel. Aprendamos com a parábola dos talentos.

4. "Uma igreja na qual os jovens são atraídos pelo testemunho vivo de que a vida vale a pena ser vivida quando estamos na presença de Deus."

Referências: Salmos 122.1; 84.1-4.

Durante boa parte da minha vida, fui obrigado a ir à igreja. Tinha que ir. Sentava-me no banco e assistia a um culto feito para pessoas idosas, com músicas e ambiente próprio para elas; a minha presença nem sequer era notada, embora isso não fosse verbalizado. Mesmo assim, nunca deixei de ir, não me perguntem como isso aconteceu.

Eu vejo a igreja como uma comunidade local em que as crianças e os jovens têm o prazer de estar. Um lugar onde eles terão seu próprio ambiente, onde a presença deles importa e nós, liderança e gerações anteriores, nos preocupamos com isso.

Um lugar onde eles terão o grupo de afinidade deles; um local para o qual serão atraídos por um propósito eterno.

O nosso objetivo não é atrair por atrair; isso as empresas de entretenimento fazem muito melhor que nós. O nosso sonho é atraí-los para a presença de Deus, em quem encontrarão verdadeiro sentido e razão de viver.

Ser uma igreja que investe na próxima geração não é tornar-se a igreja "da moda"; é proporcionar um local para que crianças e jovens encontrem, em Jesus, o propósito da vida. Essa é uma riqueza inestimável.

Muitos pensam que estar em uma igreja e seguir Jesus, sendo jovens, é desperdício de tempo e de energia. Nós entendemos o contrário. A nossa igreja entende que viver vale a pena quando a vida é vivida na presença de Deus. E isso não se limita apenas a uma geração específica. Eu vejo uma igreja que valoriza todas as gerações e temos ambientes para todas elas.

5. **"Uma igreja, sendo na maioria jovens e crianças, como sinal da vitalidade de Deus."**
Referências: Salmos 92.12-15; Gênesis 21.17; Salmos 145.4.

O ambiente muda quando há crianças e jovens presentes! Com certeza um lugar assim é vivo e cheio de energia. Nada se compara ao barulho da próxima geração. Eles são apaixonados, eletrizantes, contagiantes, cheios de vida. Amo estar com eles e vê-los se divertindo e tendo bons relacionamentos em um ambiente saudável.

É gratificante perceber quanto amam a Deus e levam isso a sério. E, melhor ainda, é saber que na igreja eles aprendem essas verdades e valorizam a importância disso.

Amo vê-los servindo e cuidando da igreja como "gente grande". Sim, eu vejo esta igreja feita para eles também. A nossa visão é levantá-los, mantê-los e fazê-los caminhar. Sim! Levantá-los, fazê-los importantes, mantê-los dentro de uma missão e de um propósito, fazê-los caminhar e ensiná-los sobre a importância de fazer o mesmo com as futuras gerações, de modo que aprendam a deixar um legado.

Eu vejo uma igreja em que as gerações são canais de Deus, não depósitos ou instrumentos de retenção. O que Deus fez e tem para fazer não pode parar em nós; pelo contrário, deve permanecer vivo e atuante em cada geração.

Estar plantados na casa de Deus desde cedo nos fará florescer e nos assegurará uma vida abundante até mesmo na velhice.

Estar plantado não significa ir à igreja quando for conveniente ou de vez em quando. Estar plantado é uma característica que subentende permanência, profundidade e perseverança. Acredito profundamente que há bênçãos reservadas para aqueles que permanecem plantados.

6. **"Uma igreja que começa primeiramente nos lares, em lares sadios."**

Referências: Josué 24.15; Salmos 112.1; Neemias 4.14.

A Igreja de Cristo é uma grande família. Não necessariamente formada por parentesco sanguíneo, mas pelo sangue de Jesus que nos redimiu e nos tornou participantes de seu Corpo.

A igreja local é um lugar para todos, para as crianças, para os jovens, para os adolescentes, para os adultos, para os casados, para os solteiros, para os idosos. Não importam o estado civil, a formação, a cor da pele ou a condição social, a nossa igreja sempre será inclusiva e voltada para a família.

Uma família cujos padrões vão muito além dos ensinados pela sociedade porque o nosso padrão é a Bíblia. Uma igreja que começa na nossa família, dentro da nossa casa, na qual temos a alegria de dizer: "Eu e a minha casa servimos ao Senhor!".

Eu vejo uma igreja que é fruto de lares saudáveis como resultado da obediência à Palavra de Deus. Não um lar perfeito, mas um lar formado de pessoas imperfeitas, inspiradas por um Deus perfeito, que amam, perdoam e são misericordiosas assim como Deus é e nos deixou de exemplo.

Não existe família saudável sem a presença de Deus. Não abrimos mão da família, porque acreditamos que lares fortes constroem igrejas fortes.

7. **"Uma igreja na qual a adoração a Deus ultrapassa os limites do domingo e acontece no dia a dia das pessoas, como estilo de vida."**

Referências: Romanos 12.1; Salmos 145.1,2; João 14.15-21.

Viver o evangelho de Jesus está mais relacionado às segundas--feiras que aos domingos. É mais sobre ser a Igreja, Corpo de Cristo, e representantes de Deus que exatamente ir à igreja, instituição e auditório físico.

Eu vejo uma igreja que leva uma mensagem prática, simples, baseada na Palavra e centrada em Jesus, através do estilo de vida de seus membros. Quando vivemos dessa forma, estamos apontando para Jesus, e isso é adoração.

Se as pessoas olham para você e veem Deus nas suas escolhas, no seu comportamento e nas suas atitudes, então você o está realmente adorando através de um estilo de vida diferenciado pautado pelos princípios da Palavra.

Sou enfático quanto a isto: a adoração não está restrita ao momento do louvor. Adorar não se vincula a som, mas a uma vida pautada no temor do Senhor.

8. **"Uma igreja que evangeliza com o testemunho de vida das pessoas, cuja coerência fala mais alto que as palavras."**

Referências: Marcos 16.15; João 9.1-11; 14.15-21.

O melhor método de anunciar Jesus é através do testemunho da própria vida. O que adianta o conhecimento da Bíblia se não é praticado?

Eu vejo esta igreja relevante em todos os lugares da sociedade quando as pessoas percebem que fomos transformados através do evangelho de Jesus. Evangelizar é fazer um convite a todas as pessoas, evangelizar é falar com a vida, não necessariamente com palavras, sobre o que Jesus fez na sua própria vida.

Muitos métodos são usados para ensinar sobre como evangelizar. Nós acreditamos que evangelizar é um estilo de vida que aponta para Jesus. Não se trata de simplesmente citar alguns textos ou de enviar algumas mensagens, embora possa incluir essas ações; na verdade, é demonstrar com a própria vida que o mesmo Deus que me alcançou e trabalhou na minha vida pode ser alcançado através de Jesus e pode atuar na vida de todos.

9. "Uma igreja na qual a comunhão é fruto de relacionamentos saudáveis."

Referências: Atos 2.42-47; 1Coríntios 13; Provérbios 27.17; Salmos 133.

Comunhão não é algo abstrato, e sim prático. Eu vejo uma igreja na qual as pessoas cuidam umas das outras, são amigas, compartilham juntas tanto a alegria quanto a dor. Eu vejo uma igreja na qual o relacionamento faz parte do dia a dia das pessoas e é uma ferramenta de crescimento.

Relacionar-se de forma saudável acontece entre pessoas que se tornam plenas em Deus. Isso produz interdependência, inspiração, encorajamento, ensinamento; jamais produzirá um ambiente de manipulação, pois ninguém é dono de ninguém.

Uma igreja não é forte por suas atividades, mas pelas pessoas que fazem parte dela e pelos bons relacionamentos que elas cultivam.

10. "Uma igreja na qual estar é puro prazer."

Referências: Salmos 42.1-4; 122.1; 1Coríntios 12.26,27.

"Alegrei-me com os que me disseram: 'Vamos à casa do Senhor!'" Sim! Eu acredito que essa é a sensação que uma igreja saudável produz em seus membros. As pessoas contam os dias para estarem na igreja novamente, porque "tem coisas que só acontecem na igreja".

Acredito que a igreja é lugar de celebração, de festa, de notícia boa, de sair melhor do que se entra. Estar na igreja não apaga a realidade difícil do mundo, mas nos fortalece na Palavra para enfrentá-la com bom ânimo e com os olhos fitos na eternidade.

Podemos orar em casa, ouvir a mensagem via *web*, mas nada substitui o prazer de estar na casa de Deus, em comunidade.

A igreja não se resume a quatro paredes; no entanto, muitas vezes as quatro paredes nos ajudam a ser igreja.

11. "Uma igreja que celebra estar com pessoas."

Referências: Provérbios 27.17; Romanos 3.23; Salmos 8; Gênesis 2.18; Eclesiastes 4.9-12; Atos 10.28,34.

Uma igreja feita de pessoas para alcançar pessoas. Uma igreja feita de seres humanos; por isso, as pessoas são mais tolerantes umas com as outras, mais misericordiosas e mais dependentes da graça de Deus. Relacionamentos que levam em consideração as imperfeições humanas; consequentemente, sem julgamentos e exigências legalistas, fora da realidade do dia a dia das pessoas.

Um ambiente leve e saudável no qual as transformações das pessoas não acontecem pela imposição de regras, mas pelo poder do Espírito Santo.

Não existe terapia melhor para desenvolver uma pessoa do que se relacionar com outro ser humano. Creio em uma igreja na qual ninguém é maior que o outro; pelo contrário, todos estão no mesmo patamar diante de Deus. Uma igreja na qual todos precisam de Deus e são usados por Deus para abençoar pessoas.

Deus é o Deus do relacionamento. Ele poderia ter feito tudo sozinho, mas contou com o ser humano para fazer a história. Estar com pessoas é algo celebrado pelo próprio Deus.

12. "Uma igreja fundamentada na transparência e na integridade que começa na vida dos líderes."

Referências: 1Samuel 16.7; Provérbios 8.13; Atos 24.16.

"Integridade é a distância entre a vida privada e a pública; quanto menor for essa distância, mais ela será vista" (autor desconhecido). É extremamente saudável que a igreja faça tudo com transparência. Quanto maior for tal realidade, mais perceptível será a integridade. Portanto, prestar contas precisa ser algo levado a sério e espontâneo.

Eu vejo uma igreja cujo líder tem autoridade para falar porque ele é o primeiro a dar o exemplo.

Quanto mais nos é dado, maior será a necessidade de divulgá-lo; essa é uma obrigação de toda instituição séria e uma questão de respeito para com as pessoas. Quando expomos a vida financeira da igreja, esse ato se reflete (e também inspira) na generosidade das pessoas. Mesmo que os membros não exijam isso da liderança, é sempre bom saber em quem estão depositando sua confiança.

Internamente, porém, o nosso grau de exigência é bem maior. Os nossos processos de auditoria sobre as entradas financeiras, o alto nível dos órgãos de controle e prestação de contas, os processos internos de compras e de pagamentos, a coerência nas remunerações, bem como a exigência de uma contabilidade segundo as normas cabíveis demonstram práticas de uma organização saudável.

Finalmente, transparência não é tornar públicos os números e os processos internos, mas saber que, se preciso fosse, poderiam ser expostos; primeiramente diante de Deus e depois aos homens, sem nenhuma vergonha.

13. "Uma igreja na qual a cultura do Reino de Deus é a base para a transformação da sociedade."

Referências: 1Timóteo 3.15; Romanos 1.16; 14.17; Mateus 16.18,19.

Bem-vindo à casa

A cultura do Reino de Deus vivida de forma intencional e enfática não se intimida diante de nenhuma outra cultura humana porque é ela o agente transformador da sociedade.

Não há nenhuma mensagem mais poderosa que o evangelho de Jesus. Somente ele é capaz de transformar o ser humano de dentro para fora.

Vale lembrar que uma cultura só é base para a transformação da sociedade quando o ser humano é transformado. Portanto, é através da igreja que essa mensagem é transmitida. A igreja, portanto, é "a esperança do mundo".

A cultura do Reino de Deus é o conjunto de princípios e valores encontrados na Palavra de Deus que são inegociáveis, atemporais e poderosos para todo ser humano.

14. **"Uma igreja que influencia as cidades através de sua generosidade."**

Referência: Mateus 5.13-16.

Uma igreja relevante não diz respeito a quanto recebe da sociedade, mas, sim, quanto contribui para ela.

Por toda a Palavra, vemos um Deus que ama e investe nas nações. Como igreja, temos o dever de orar, abençoar e investir nas cidades. Aprendi que uma cidade não é dada para uma igreja; no entanto, uma igreja é dada para uma cidade.

Anualmente temos uma ação a que chamamos "Ame seu vizinho", na qual investimos em reforma de casas, instituições de assistência social, instituições de ensino, creches, asilos, igrejas, presídios. Uma ação que envolve toda a igreja e a sociedade, com a prestação de um serviço totalmente voluntário.

Com isso, acreditamos que conquistamos a confiança da sociedade e influenciamos por meio da nossa generosidade.

Quando exercemos generosidade na cidade, assumimos o nosso papel de autoridade e temos o respaldo do povo.

15. **"Uma igreja na qual o necessitado e a viúva são carinhosamente cuidados e honrados."**

Referências: Tiago 1.27; Mateus 25.31-46.

Generosidade é o que nos diferencia como igreja, e somente seremos relevantes quando dermos à sociedade mais do que recebemos dela. Cuidar dos necessitados agrada a Deus.

Quando vivemos essa realidade, estamos fazendo o que é básico no evangelho de Jesus: uma igreja só faz sentido quando cuida dos mais necessitados.

Vale lembrar que é muito melhor dar que receber, e isso somente se torna realidade quando a igreja atua com generosidade.

A nossa visão de necessitados não se limita a pessoas; a nossa generosidade se estende à igreja, aos líderes e ao ser humano como um todo. Toda e qualquer ajuda que prestamos é vista como dádiva de Deus.

16. **"Uma igreja na qual cada membro é servo (voluntário) porque entende que esta é a natureza de Deus: servir."**

Referências: João 13.1-17; Mateus 25.31-46.

Servir é a melhor mensagem para transmitir Jesus; todo mundo entende que não há nada que se compare a uma igreja que conhece sua posição de servir em vez de ser cliente.

Uma igreja que serve é diferente, vibrante e acolhedora. Eis o diferencial de uma igreja: amar e servir. Quando amamos a Deus, servimos às pessoas e servimos às pessoas porque amamos a Deus. Amar e servir cabe a nós, transformar compete a Deus. Ser voluntário não é um método, e sim uma cultura; não se realiza com o intelecto, mas com o coração. Ser voluntário é possuir o maior título do Reino de Deus e fazer parte de um exército que realmente faz o que importa para Deus. Quando vivemos essa cultura, transformamos as pessoas ao longo da caminhada, bem como o ambiente em que vivemos. Ser voluntário ultrapassa os limites da igreja; na verdade, deve ser exercido em todos os lugares e envolver todas as pessoas.

Ser voluntário não é mão de obra gratuita; é algo que dinheiro nenhum paga. Ser voluntário é enxergar mais o outro que a si mesmo. Ser voluntário é a forma mais fácil de dizer "eu te amo". Ser voluntário é expressar a natureza de Jesus. Ser voluntário diz respeito ao que eu posso fazer pela minha igreja e pela minha sociedade. O verdadeiro voluntário não se preocupa com o lugar a servir, e sim com as pessoas a serem servidas.

Finalmente, quem serve, serve!

17. "Uma igreja que é refúgio para os cansados, oprimidos, decepcionados e magoados pelo legalismo e pela religiosidade."

Referências: Atos 10.28,34,35; 15.19; Colossenses 2.16-23; 2Coríntios 11.3.

Somos claramente uma igreja que acolhe sem preconceitos, que ama o ser humano, que serve sem restrição, que vive o evangelho da graça e verdade e que não põe sua confiança na transformação por meio de regras humanas, mas, sim, no poder do Espírito Santo.

O evangelho de Jesus é simples e, como igreja, apontamos para o que Jesus deu importância, ou seja, a Palavra e seus princípios; desprezamos o que Jesus desprezou. Isso, sim, é o que transforma uma pessoa, não um conjunto de regras.

Confiamos no poder do Espírito, não em dogmas meramente humanos. Enquanto a religião obriga o ser humano a se transformar para depois seguir Cristo, nós acreditamos no processo de seguir Cristo, obedecer-lhe e passo a passo passar por transformação por estar ao lado dele.

Ensinar a amar a Deus e a seguir Cristo é mais eficaz que levar as pessoas a ter medo dele. Igreja é refúgio, não cemitério; é um lugar no qual as pessoas devem ser encorajadas a prosseguir, não a ser enterradas.

Como igreja, respeitamos a estação de cada ser humano e temos a certeza de que, se apontamos para Jesus e pregamos sobre Jesus, essa mensagem é suficiente para a transformação de qualquer indivíduo.

18. "Um lugar no qual as pessoas novamente experimentarão a alegria de participar e dizer: 'Eu tenho uma igreja'!"

Referências: 1Timóteo 3.15; Salmos 84.1-4,10; 92.12-15; 122.1.

A igreja foi a maior ideia de Deus depois da criação do ser humano. Vejo a igreja como um lugar de alegria, esperança, leveza e um lugar onde as pessoas têm prazer de participar.

Reconheço que a nossa igreja tem a grande característica de acolher, de amar e de servir às pessoas. Inúmeros são os depoimentos que afirmam que, ao chegarem à nossa igreja, essas pessoas reencontraram a alegria de participar de uma comunidade.

Intencionalmente construímos um ambiente no qual as pessoas têm liberdade de se expressar, de ser seres humanos, de viver o evangelho, de viver cada estação da vida; por ser livres, elas amam estar nesse lugar.

Hoje em dia, a palavra "igreja" é confundida com uma instituição; por isso, está denegrida. Para nós, igreja é o corpo de Cristo reunido; pessoas que se relacionam tendo uma mesma fé, um mesmo batismo, um mesmo pastor; é Deus nos visitando enquanto a transformação toma lugar.

Dizer "Eu tenho uma igreja" reflete o prazer que as pessoas têm de cooperar, servir, doar, fazer parte, porque acreditam em uma causa maior. Além disso, essa declaração reflete que a visão e a cultura da igreja não se restringem ao líder maior, mas que se trata de uma visão que se tornou real em cada pessoa que a emite. Quando a igreja passa a ser chamada de "minha casa", isso significa que desejo trazer todas as pessoas que estão ao meu redor.

19. **"Uma igreja que 'vive, ama e serve'. Eu vejo uma igreja, e essa igreja é a CCVideira!"**

capítulo 12
Criando uma cultura

Cultura é a soma de todos os valores, crenças, maneiras de agir, de ver e de fazer de uma organização; é o motivo por trás de cada ação. É o retrato mais autêntico dessa organização. Cultura não é simplesmente o que construímos, e sim o que somos.

Toda organização é conhecida por sua cultura, quer seja consciente disso quer não. É ela que diz como a organização funciona, como as pessoas se comportam, como a organização se sustenta e como caminha. A verdade é que qualquer tentativa de mudança somente acontece quando tal cultura muda. Por isso, uma cultura é tão importante quanto uma visão. Ou seja, a cultura fortalecerá diretamente a visão de qualquer organização.

O grande desafio, portanto, é criar uma cultura que reflita o que realmente acreditamos ser essa instituição. Desde já, saiba que uma cultura se cria, não surge do nada. Caso você nunca tenha se interessado por esse assunto, saiba que uma cultura paira pela sua organização e talvez você nem tenha percebido.

Para criar uma cultura, é preciso ser intencional. É você quem cria uma cultura. Ela nasce por meio do que você é e acredita. Daí a importância de se comunicar de forma clara até que isso se torne parte da organização, até que você perceba que a sua crença se espalhou o suficiente e impregnou o ambiente. Repito: comunique e comunique novamente. Repetir aquilo em que acreditamos é importantíssimo para a implantação de uma cultura.

Quando falamos de igreja, é preciso deixar claro que se trata da **cultura do Reino de Deus** que prevalece. Esta, sim, transforma uma sociedade. É suficientemente abrangente, não um produto da mente do líder ou invenção meramente humana. Portanto, certifique-se de que a cultura na qual você acredita é a cultura do Reino. Quais valores prevalecem nessa cultura? Como funciona? O que realmente importa? Sem dúvida alguma, uma igreja relevante em sua visão de alcançar vidas para Jesus tem, em sua essência, a cultura do Reino.

A seguir, exponho a cultura que tem norteado a nossa igreja e espero que ela inspire você a fazer o mesmo.

A cultura de pôr Jesus no centro. Como já mencionado, uma cultura precisa ser intencional, programada e planejada. Centrar Jesus em todas as atividades, mensagens, adoração e ensino torna uma igreja forte. Comunicar, de forma clara, que a razão de ser igreja é Jesus. Fazer isso de forma enfática, inspiradora, inteligente e planejada.

Talvez você diga que a sua igreja também tem Jesus no centro de tudo, mas, por favor, quero ajudar você. Será que a música e a mensagem demonstram, e as pessoas enxergam isso de fato? De forma sistemática, você observa isso nas programações? Comunica isso de forma clara? Insisto em dizer que comunicação é a forma primária de estabelecer uma cultura forte.

Paulo, escrevendo na carta aos Romanos, fala de forma clara sobre "um culto racional" (Romanos 12.1). Infelizmente não falamos muito sobre esse texto ou, se o fazemos, não com a profundidade a que ele quer nos levar. O apóstolo aqui nos chama a atenção de forma intencional, programada e inteligente para tudo o que fizermos para Deus. Quantas vezes o Espírito Santo indiretamente leva a culpa dos nossos improvisos e desordens com relação àquilo que deveria ser feito para exaltar Jesus? Portanto, veja muito bem e tenha muita responsabilidade quando você afirmar que, em tudo, Jesus tem sido o centro da sua igreja ou instituição.

A cultura de ser uma igreja feita para pessoas imperfeitas. Amamos dizer que não somos perfeitos e, por essa razão, amamos as pessoas imperfeitas. Não nos assustamos com nenhuma história das pessoas que entram na nossa igreja. As portas estão escancaradas para todos os tipos de pessoas, pois cremos não no poder das regras, e sim no poder do Espírito Santo para transformar qualquer pessoa.

A cultura da generosidade. Amamos dar e fazemos isso com alegria. Cuidamos do pobre, da viúva e do necessitado. Ajudamos igrejas, pastores e pessoas que nunca conheceremos de perto, quando acreditamos no que elas estão fazendo. Somos generosos com os nossos colaboradores, com os que fazem parte do *staff* e reconhecemos que eles merecem o melhor.

A cultura de fazer com excelência. Isso significa dizer que não fazemos nada de qualquer jeito. Ou fazemos o melhor, ou fazemos o melhor. Não existe alternativa.

A cultura da graça de Deus em todas as coisas e para com todos. Se chegamos até aqui, foi por meio dele, Jesus. Se somos o que somos, é por causa dele, Jesus. Agimos pela graça com todos. Cremos fielmente que é "a bondade de Deus [que] leva ao arrependimento" (Romanos 2.4) e "a misericórdia triunfa sobre o juízo" (Tiago 2.13). Somos uma igreja que respira graça. Uma cultura em que a graça tem mais poder.

A cultura de fazer o que ninguém está fazendo para alcançar o que ninguém está alcançando. Amamos ousar, arriscar, fazer diferente. Temos uma frase que nos acompanha: *"Vai lá que dá certo..."*. De repente, era isso mesmo que deveria ter sido feito.

A cultura de celebrar o que há de bom nas pessoas. Cada um de nós tem mais coisas boas que ruins. Cada um tem mais acertos que erros. Cada ser humano é um filme completo, não algumas fotos ruins tiradas na caminhada.

A cultura de celebrar o que temos e conquistamos, não de reclamar do que ainda nos falta. Celebramos os 90% e não focamos os 10% que ainda faltam! E os erros que cometemos? Não os valorizamos e não ficamos falando deles a todo instante.

A cultura de que os problemas e as crises pelos quais passamos e passaremos nos fazem mais fortes. Algo incrível no nosso meio é enxergar a crise, a tribulação, seja ela qual for, como um meio de nos tornarmos mais sábios, mais fortalecidos e mais experientes. Sempre em meio a uma grande tribulação, costumamos dizer: "Sairemos mais fortes disso!".

A cultura de que eu sou a própria cultura. Somos a cultura da igreja. Cada um deve ter a certeza de que carrega a cultura dentro de si. Portanto, cada um tem a responsabilidade de ser a cultura adequada conforme os valores do Reino de Deus.

A cultura de ser uma pessoa que pode fazer. Significa dizer que tenho responsabilidade para fazer acontecer. Sei que posso fazer.

Sei onde devo estar. Conheço muito bem o que a instituição espera de mim. Nessa linha de pensamento, as pessoas se sentem responsáveis dentro da organização.

A cultura de que isto não é o meu negócio; é a minha vida. A igreja não é *business*, não se trata de plano de carreira. Enxergar a igreja como trabalho é focar o dinheiro. Ver a igreja como chamado é pôr nela o coração. A igreja precisa ser vista por meio da visão de dar a vida em favor de outros; isso somente é possível por amor.

A cultura de servir ao Senhor com alegria. Que horas eu tenho que estar lá? Quanto tempo vai demorar? Sou obrigado a ir? Amamos servir, amamos participar, fazemos porque nos faz bem, fazemos porque pessoas serão beneficiadas. A obrigação não faz parte do nosso dicionário. O que eu posso fazer, faço-o pela minha igreja. Tudo é efeito; o amor é causa!

A cultura de que o encorajamento começa em mim. A cultura do encorajamento é primordial para a saúde de qualquer instituição. Não se trata de viver dando tapinhas nas costas, mas de encorajar as pessoas porque isso traz vigor, ânimo e renova as pessoas envolvidas.

A cultura de não participar do time da fofoca. Aquilo que os meus olhos não viram e os meus ouvidos não ouviram não pode ser tema da minha conversa com outros, com uma mente pequena e com a língua grande. Costumo dizer que ser discreto é: "Eu vi, sei que é verdade, estive lá, mas não me convém comentar, porque isso não acrescenta nada". "Quando se manda embora o zombador (fofoqueiro), a briga acaba; cessam as contendas e os insultos." (Provérbios 22.10.)

> Bem-vindo à casa

A cultura de que sou parte do nós. Não sou uma ilha. O meu departamento faz parte do todo. O meu trabalho ou a minha omissão interfere diretamente na organização. Sou membro do mesmo corpo.

A cultura de trazer as pessoas para uma jornada ao meu redor. Caminhamos com qualquer pessoa, até porque uma caminhada, em geral, tem pouca duração; no entanto, uma jornada é algo a ser feito com pessoas que eu escolho. Isso inclui trazer a família para junto da mesma jornada. Estar em uma família cujos sonhos são opostos dificulta a jornada de qualquer líder e consequentemente interfere na instituição.

A cultura de que a minha parte é menor que a parte na qual estou envolvido. O Reino de Deus e a igreja são muito maiores que eu. Na verdade, não é sobre mim, é sobre ele. Essa cultura acaba com pessoas mal resolvidas consigo mesmas. A autopiedade não é saudável em nenhum lugar. Há pessoas que são nocivas para a equipe porque sempre trazem seus problemas particulares, sem que vejam a si mesmas e entendam que a equipe não tem a obrigação nem a responsabilidade de resolvê-los. Não se trata de falta de amor, mas, sim, de saber separar as coisas.

A cultura de delegar, não a de jogar responsabilidades para as pessoas. Cuidado para não cair no erro de jogar para os outros algo que você não gosta de fazer. Nem sempre fazemos o que gostamos. Fazemos o que precisa ser feito. Delegar envolve treinar, capacitar, empoderar a quem desejo treinar para um dia ser líder.

A cultura de que a minha personalidade é atrativa. Precisamos ser pessoas que mudam o ambiente para melhor. Líderes que atraem as pessoas, não as expulsam. Pessoas de quem os demais gostam de estar por perto. Seja como um bom perfume.

Imagine a sua igreja ou organização agindo dessa forma. Como seriam os projetos? Como enfrentaríamos os desafios? É bom lembrar que somos a cultura. Comunique-a claramente. Repita-a quantas vezes for necessário até que todos se movam pelos mesmos valores.

Tenho a certeza de que não falei nenhuma novidade, mas uma coisa é fato: nem sempre somos intencionais e, muitas vezes, não achamos que ser intencional faça tanta diferença assim. Portanto, encorajo você a rever a cultura que já existe na sua organização. Faça dela um combustível para fortalecer a sua visão.

O melhor de Deus ainda está por vir!

Parte 4

Por dentro da igreja

capítulo 13
Levantamento de fundos

Falar de recursos precisa ser algo natural dentro da igreja, até porque não somente na igreja, mas em qualquer instituição, a necessidade de dinheiro é uma realidade. Como tratar desse assunto? Como fazer com que o dinheiro não seja fim, e sim meio? O que fazer para que o dinheiro não se torne a maior preocupação do líder?

Para começar, é muito importante tocar em um ponto delicado acerca de muitos líderes. É assustador perceber o número de líderes que, em primeiro lugar, necessitam aprender a resolver as finanças em sua vida pessoal. Há grande risco ao estar à frente de uma instituição e, ao mesmo tempo, ter conflito financeiro em sua vida pessoal. Ninguém deve transferir para a igreja uma responsabilidade que é pessoal. Por diversas vezes, vemos que a questão financeira de uma igreja é reflexo da conduta na vida do líder. Siga este conselho: resolva a sua vida particular e você verá a igreja na mesma direção.

Quando o assunto em pauta é "recursos", estamos falando de mudança de mentalidade, e esse é o primeiro obstáculo a ser vencido. Estudos mostram que uma pessoa leva em média cerca de três anos para começar a doar com assiduidade em uma igreja.

Bem-vindo à casa

Na verdade, esse é o tempo médio para que uma pessoa comece a se envolver de fato com a instituição. Portanto, perceba o desafio que nós pastores temos de enfrentar: o maior desafio é trabalhar na mudança de mentalidade, e isso leva tempo.

Há muita discussão quanto a esse assunto, mas vamos nos limitar a falar de alguns fatores que julgamos mais importantes. Nossa programação cerebral se inicia na infância e vai até os 12 anos de idade. É preciso avaliar como o tema dinheiro era tratado nessa importante fase da vida.

Responda às seguintes perguntas:

Na experiência de vida de cada um dentro de casa, como o assunto dinheiro era tratado?

Havia ensino sobre o uso do dinheiro?

Os meus pais lidavam bem com esse assunto?

A questão dinheiro era motivo de discussão entre os meus pais?

No final do mês, havia tensão se o dinheiro sobrava ou não?

Havia abundância, escassez, dívidas?

Os meus pais viviam altos e baixos na vida financeira? De tempos em tempos, tinham tudo e depois perdiam tudo?

Como você vivenciou tudo isso?

Veja que a experiência da nossa infância marca a nossa caminhada e, se você for sincero, é muito provável que haja repetições dos padrões vividos pelos seus pais presentes na sua vida financeira.

Outra forma de programação mental é o "contágio social" ou círculo de amizades. Saiba que *os iguais se atraem*: "As más companhias corrompem os bons costumes" (1Coríntios 15.33); no entanto, o contrário também é verdade: *as boas companhias formam bons costumes!* Isso significa que repetimos o que experimentamos, o que vemos, ouvimos, sentimos e falamos, e isso afeta o nosso coração (ou mente). Responda: Quais pessoas ao seu redor são ricas de mente, empreendedoras, prósperas financeiramente, generosas de coração, investidoras, abundantes em tudo? São essas as pessoas que formam o seu contágio social? Intencionalmente, você se conecta e aprende com essas pessoas?

Procure cercar-se de boas companhias e bom exemplos de vida para se contagiar por eles!

Reprogramando a mente

Imagine a seguinte sequência: Mente – Coração – Mãos. Mudança de pensamento que transforma a nossa forma de ser e altera a nossa maneira de atuar. Pensamento – Sentimento – Crença – Comunicação. Todo pensamento provoca um sentimento. Quando o sentimento se estabelece, ele provoca uma crença, e por fim comunicamos o que cremos.

Toda mudança começa na mente: "transformem-se pela renovação da sua mente" (Romanos 12.2). O que a Palavra diz sobre esse assunto? Abraão, Isaque, Jacó, José, Davi, Salomão, Daniel, e o próprio Jesus, todos foram ricos! Deus só pensa grande, fez e faz coisas grandes, tem em abundância, e a ele pertence todo ouro, toda a prata e toda riqueza da terra. Ele é o criador de todas as coisas. O Diabo, nosso inimigo, não criou absolutamente nada! A riqueza não lhe pertence!

Sinta-se rico. Imagine-se próspero. Sonhe com abundância. Veja-se com muito recurso. Se você já possui muito e tem em abundância, faça o mesmo exercício; isso também é para você.

Qual é o sentimento que vem à sua mente? Paz? Tranquilidade? Alegria? Satisfação? Humildade? Boas intenções? Todos esses sentimentos vêm pela graça de Deus.

Por executar um trabalho honesto, sinta-se merecido; não tenha falsa modéstia. Merecido, porque foi Jesus quem lhe confiou algo, que já pagou por você. Dissipe esse sentimento de culpa e de medo. Desenvolva um sentimento de satisfação em doar mais, ajudar mais, desfrutar mais, investir mais, produzir mais e, ainda com toda essa abundância, você ser melhor pai, melhor mãe, melhor profissional, melhor seguidor de Jesus, melhor amigo, melhor ser humano. O resultado é que você será tomado por um sentimento de paz por saber que é um agente de Deus. Tudo foi dele. Foi Deus quem lhe deu. É importantíssimo você sentir que é abençoado, porque os sentimentos marcam a nossa alma e alegram o nosso coração. São eles que formulam as nossas crenças. Portanto, alimente-os!

As crenças são autorrealizáveis e soberanas sobre a lógica e a razão. Não importa se você é graduado, pós-graduado ou talentoso o suficiente para qualquer coisa, se as suas crenças quanto ao dinheiro forem limitadas, você continuará pobre de recursos. A riqueza começa na mente. Aqui vão algumas crenças equivocadas sobre dinheiro:

> O dinheiro é sujo.
> Preciso trabalhar muito e me sacrificar para ter dinheiro.
> Deus ama o pobre e despreza o rico.
> A pobreza me ajuda a ser espiritual.
> Tenho que ser rico para ser feliz.
> Sou pobre, mas sou honesto.
> Tenho medo de me tornar orgulhoso tendo dinheiro.
> Não sou digno de ser rico e próspero.

Ter o suficiente já é o bastante.
Todo rico é orgulhoso.
Não sei quando vou morrer, então é melhor gastar agora.
Dinheiro, prosperidade, abundância — nada disso é assunto para um crente espiritual.
O dinheiro não é importante, amar sim.
O dinheiro não traz felicidade.
A água só corre para o mar; o dinheiro só vai para quem tem.
O melhor é ter tesouro no céu, por isso não me importo com o dinheiro.
Só pessoas inteligentes, com muito conhecimento e extremamente talentosas são ricas e prósperas.
Sou dizimista e continuo endividado, então a questão é espiritual.
Não preciso de dinheiro, só preciso de Deus; não quero saber sobre esse assunto.

Com quais dessas crenças você se identificou? Quais delas estão arraigadas na sua mente? Lembra-se do que diz a Palavra: " Portanto, agora já não há condenação para os que estão em Cristo Jesus" (Romanos 8.1).

Nosso Deus é o Deus da abundância. Desse modo, a nossa primeira atitude é a mudança de mentalidade: *ser – ter – multiplicar – usufruir – continuar tendo – continuar sendo*, esse é o caminho da prosperidade bíblica.

Ser rico na mente é saber que não é somente sobre nós, é sobre os nossos entes queridos, sobre o Reino de Deus, sobre deixar um legado na terra. É prosperidade com propósito: "Assim, quer vocês comam, quer bebam, quer façam qualquer outra coisa, façam tudo para a glória de Deus" (1Coríntios 10.31).

Considere novamente o ciclo da prosperidade e imagine você, digno em Cristo Jesus; não por você mesmo nem pelas suas obras; por meio da graça abundante de Cristo, tornamo-nos justos e podemos receber o que ele conquistou para nós. Viva todo o seu potencial em Jesus e receba tudo o que Deus conquistou por você em Cristo Jesus; isso também no campo material.

Reformule as suas crenças. Quais delas precisam ser reformuladas? Para cada crença restrita, que outra crença pode substituí-la? Que verdade anula uma crença limitante? A verdade liberta! Estabeleça hábitos que fortalecerão novas crenças. Entenda que uma crença formula um mapa mental, um caminho a ser adotado. Por isso, reescreva um novo caminho a ser seguido sobre tudo o que se refere a dinheiro. Refaça as suas crenças sobre finanças, investimentos, gastos, generosidade. Adote uma visão para a vida:

> "Escreva claramente a visão em tábuas [quadro], para que se leia facilmente [fixar na mente e no coração]" (Habacuque 2.2).

Fale, comunique, declare: "A língua tem poder sobre a vida e sobre a morte; os que gostam de usá-la comerão do seu fruto" (Provérbios 18.21). Veja que o texto é claro, a morte e a vida estão no poder da língua. Comunicar traz vida ou morte. Fale alto e em bom som o que você deseja para você mesmo. Declare as verdades da Palavra de Deus sobre as suas finanças, o seu trabalho, os seus sonhos e os seus projetos. Declare a sua visão com a boca. Deus falou e veio a existir. Ele deu o exemplo para que nós, seus filhos, façamos o mesmo.

No fundo, uma das raízes limitantes nessa área se chama *medo*. O que você seria se não tivesse medo? Onde você estaria se não fosse o medo? O que você teria hoje se não fosse o medo de tentar? O medo doentio, o medo que aprisiona, o medo que traz depressão e angústia?

O medo é um sentimento que tem início por meio de uma programação mental, uma imagem ou uma experiência vivida que nos domina a mente de tal forma que passa a ser realidade; quando, na verdade, se trata apenas de imaginação. O medo também pode ser uma brecha que o Inimigo usa para nos limitar. Quando o assunto é dinheiro, quantas vezes passamos a agir por medo, não por convicção? Veja algumas crenças limitantes do medo: *medo de ficar pobre; medo de passar necessidade; medo de ficar orgulhoso; medo de não ser reconhecido; medo de desagradar a Deus por ser próspero/rico; medo de se tornar materialista; medo de se tornar autossuficiente; medo de deixar o evangelho; medo de ser rico; medo do assunto sem nenhuma explicação; medo de a igreja se tornar "mundana"; medo de ter as coisas; medo de se tornar algo que não gostaria...*

Caso as suas crenças com relação ao dinheiro não forem positivas, pouco importa o seu grau de instrução ou espiritualidade: você passará a vida inteira repetindo os mesmos erros. Liberte-se do medo do dinheiro. Considere esse assunto um grande passo para uma caminhada saudável na sua visão financeira. E lembre-se:

> Deus é amor [...]. No amor não há medo; ao contrário, o perfeito amor expulsa o medo, porque o medo supõe castigo. Aquele que tem medo não está aperfeiçoado no amor (1João 4.16,18).

Fazer ou deixar de fazer algo por medo supõe castigo, ou seja, que algo ruim acontecerá. Quanto mais de Deus, mais amor; mais amor significa intenções boas, benignas, projetos que vão além dos meus próprios projetos. Imagine-se completamente cheio de Deus, livre do medo de ser rico, próspero, tendo mais do que suficiente, tendo abundantemente para você e para a sua família, fazendo que as pessoas ao seu redor também sejam prósperas; dando muito mais, sem medo, sem receio e totalmente cheio do amor de Deus, amor pelas pessoas, pelo Reino de Deus, pela igreja; empreendendo, multiplicando. Sim! Esse é o projeto de quem possui a natureza de Deus, do Deus vivo. Isso também é ser cheio do Espírito Santo.

O mesmo recado é para você que já possui em abundância. Já tem mais do que suficiente. Investidor. Empreendedor. Não deixe que o sentimento de culpa tome a sua mente, nem o medo de ter ou perder. Não permita tampouco o peso de um sentimento segundo o qual você vai consertar o mundo, ou o desconforto de ver tanta pobreza enquanto você tem tanto. Seja grato a Deus e responsável pelo que ele lhe confiou. Seja sincero com Deus; reconheça que você é simplesmente um canal da graça de divina.

Em relação aos demais, comece se arrependendo, sendo sincero. Liberte-se do medo e de qualquer limitação que o medo causou na sua vida. Receba a mente de Cristo e seja tudo o que, em Cristo, você foi feito para ser. Tenha tudo o que já lhe pertence por meio dele.

Inspiração *versus* manipulação

Você há de concordar comigo que atualmente o que há de errado com relação às finanças em muitas instituições, principalmente as religiosas, é a falta de transparência quando o assunto é sobre a aplicação de recursos. É melhor que haja uma prestação de contas ao público de forma amadora, mas que retrate a realidade, que fazer uma apresentação com *slides*, pregação e propaganda, depois de muito tempo, quando a informação já perdeu a importância ou quando não é confiável.

Inspiramos pelo exemplo, pela verdade, pela integridade; mais ainda, quando as pessoas que contribuem sabem que os recursos foram aplicados na instituição, mesmo que não solicitem uma prestação de contas.

Inspiramos as pessoas quando a instituição aplica em gente, pensa nas próprias pessoas. Isso se vê, de forma prática, quando famílias são resgatadas; quando pessoas são salvas e transformadas; quando jovens, adolescentes e crianças são direcionados a viver uma vida com Jesus. Investir em pessoas também significa investir em causas sociais e envolver-se com pessoas necessitadas que precisam de amparo e amor. Uma igreja que inspira doa muito mais para a sociedade do que dela recebe.

As igrejas inspiram quando amam as pessoas pelo que são, não apenas pelo que doam. O exemplo prático disso são as instituições que não se interessam em saber quanto as pessoas doam, nem mantêm uma forma de registro de quem ou quanto dá.

Inspiramos quando, em momentos do culto, agradecemos os que já contribuem como forma de inspirar os que ainda não contribuem. Deveríamos estudar mais profunda e biblicamente o tema da fidelidade a Deus para saber falar aos membros, sem que para isso seja necessário usar muito tempo nos cultos e nas atividades da igreja.

Duas ou mais vezes ao ano, pregamos sobre generosidade. Por vezes, estudamos livros de autores que inspiram de forma sábia e profunda sobre finanças, e isso faz com que os membros tenham consciência da importância de ser generosos.

Uma coisa é inspirar, e outra bem diferente é manipular. Quando o assunto é levantamento de recursos, há sempre o perigo de manipular as pessoas. A manipulação se baseia em tirar o dinheiro das pessoas a todo custo. O grande desafio para os líderes é transferir o foco dos recursos (que estão no bolso das pessoas, nas contas dos bancos ou nas aplicações) e focar em desenvolver a generosidade no coração das pessoas, o amor, a visão e a compaixão por pessoas através da igreja. A sequência é: bolso – coração – mãos.

Até que o coração das pessoas se volte para a generosidade leva tempo. Na CCVideira, temos feito, há anos, a jornada *Faça Sua Parte* (FSP). Enquanto os dízimos e as ofertas são direcionados para a manutenção da igreja local, os recursos oriundos da jornada FSP se destinam à expansão da igreja. Vou tentar explicar as etapas que utilizamos e quem sabe isso seja uma forma saudável de você levantar recursos na sua igreja.

- **Planejamento**

Qualquer projeto necessita de um líder e de uma equipe cuja função é preparar o material de divulgação, cadastrar e manter contato futuro, como enviar agradecimento, tirar dúvidas, gerar relatórios e prestar contas dos recursos e dos alvos alcançados.

Nessa fase de planejamento, discutem-se as metas que queremos atingir, bem como os projetos nos quais os recursos serão usados. Alguns projetos são: aquisição de equipamentos, reforma do departamento de crianças, administração, ampliação do templo, abertura de novos *campi*, aquisição de propriedades, ou qualquer infraestrutura que contribuirá para o crescimento da igreja. A fase de planejamento é importante porque é quando o projeto ganha consistência. O processo ideal segue as fases de visão, provisão e construção. Tenho visto que é mais inspirador as pessoas participarem de projetos nos quais elas mesmas vejam seus recursos aplicados que contribuir, por exemplo, com o pagamento de dívidas.

Algo de que não abrimos mão é envolver todo pessoal da mídia na elaboração do material de divulgação. É preciso ter explicações claras, objetivos a serem alcançados, duração do projeto, formas de contribuir — tudo o que for necessário para dirimir quaisquer dúvidas sobre o assunto. Pode parecer insignificante, mas não usamos a nomenclatura "campanha", e sim "jornada". Entendemos que o termo traz uma conotação de envolvimento pessoal, sem que se refira apenas a um assunto monetário.

O grande desafio nessa fase é não queimar etapas, não querer apressar o processo. É bom lembrar que a visão necessita de um excelente planejamento para que se torne realidade. É aqui que discutimos o que pode dar certo ou errado. Para uma execução benfeita, é crucial um planejamento bem discutido. Disponibilizo a você, nas páginas finais do livro, um manual onde consta o que é a jornada, por que ela existe e como fazer parte dela. Isso pode ser colocado no *site* da igreja ou ser impresso e entregue para as pessoas. Nele, todas as informações precisam estar presentes e todas as dúvidas, esclarecidas. Vale salientar que é um compromisso de 12 meses consecutivos.

- **Inspiração**

Nessa etapa, ensinamos o que é generosidade, pregamos uma série de mensagens aos domingos sobre o amor pela casa e sobre a nossa responsabilidade pela igreja da qual fazemos parte. Durante o mesmo período, estudamos mais profundamente o assunto nos grupos de crescimento, nas células, nos pequenos grupos ou nos grupos familiares. Toda a igreja é encorajada a orar por três pessoas que serão alcançadas por Jesus e que estarão nos próximos meses na igreja. Na nossa visão, os recursos dizem respeito a pessoas; portanto, a generosidade tem como objetivo alcançar vidas, não está restrita a prédios ou coisas.

Bem-vindo à casa

Algo importante nessa fase é o jejum e a oração. Um período em que aprendemos a ouvir o próprio Espírito Santo falar conosco. É importante ter claro que, mais do que levantamento de fundos, vidas estão em jogo; portanto, não abrimos mão de um período durante o qual toda a igreja ore, jejue, busque a Deus e amplie a visão espiritual durante a jornada. Resumindo, é algo que acontece com a intervenção do Espírito Santo; trata-se de uma jornada espiritual.

Por experiência própria, uma experiência muito eficaz é o período devocional de 21 dias. Durante esse período, a pessoa é levada diariamente a ler, refletir e orar por causas específicas da igreja. O devocional também funciona como auxílio para uma jornada de jejum com período de igual duração. Ao final da jornada devocional, a pessoa tem todos os passos para se comprometer com a jornada através de sua oferta.

- **Compromisso**

Geralmente realizamos o compromisso em duas fases. A primeira fase é com os principais líderes, que são reunidos para um culto na última semana da jornada de vinte e um dias. Nesse dia, encorajamos os líderes e afirmamos que o exemplo deles é crucial para que a igreja faça o mesmo. Também celebramos a vida de cada um, oramos pelos objetivos da jornada e ofertamos a Deus. Literalmente, é um dia de celebração.

A liderança é a representação da igreja e, se ela se compromete, já é um retrato de que os membros seguirão o mesmo caminho. Lembro a você que o compromisso é o efeito, o resultado de uma jornada iniciada muito antes, através de uma visão clara, de alvos específicos, de divulgação com excelente qualidade, de uso adequado da mídia, de mensagens inspiradas e de uma jornada espiritual de jejum e oração.

Levantamento de fundos

Normalmente selecionamos alguns testemunhos de pessoas que tenham passado por experiências de impacto sobre dízimos, ofertas e que aprenderam a ouvir o Espírito Santo a esse respeito para encorajar os demais participarem da jornada.

No último domingo da jornada de vinte e um dias, a mensagem deverá ter como foco levar cada membro a dar sua oferta. Costumo ministrar uma mensagem inspiradora e, ao mesmo tempo, desafiadora sobre a importância dos recursos para o cumprimento da visão da igreja a fim de alcançar mais pessoas. Nesse dia, entregamos a nossa primeira oferta. As demais deverão ser entregues durante os onze meses seguintes. Além de levantar a oferta, devemos orar pelas pessoas que foram apresentadas a Deus duranteo período de jejum como sendo aquelas que desejamos que sejam alcançadas. Acreditamos que a oferta também é o resgate na esfera espiritual e que Jesus foi a oferta para Deus no plano divino para nos tirar do reino das trevas para o reino da luz.

capítulo 14
Generosidade que transforma

Outra ferramenta que temos experimentado e que, de forma eficaz, inspira muito as pessoas é o que chamamos de "Generosidade que transforma". Trata-se de um vídeo, de 3 a 5 minutos, com o testemunho de pessoas que foram alcançadas, transformadas e que tiveram a experiência de ter conhecido Jesus através da igreja local.

No vídeo, as pessoas expressam a gratidão de terem conhecido Jesus e contam de forma resumida como chegaram à igreja e de como a vida, a família e sua forma de viver foi impactada pela mensagem do evangelho. O objetivo é levar a igreja a refletir sobre como a generosidade (o termo usado) delas impactou determinada família e alcançou pessoas. Em seguida, reforçamos que aquele testemunho somente foi possível por causa da igreja local e que generosidade, dízimos, ofertas sempre estão relacionados com pessoas.

Aproveitamos o vídeo para encorajar a pessoa que testemunha a relatar como ela atualmente serve e está envolvida em um grupo de crescimento (ou como se denomine na sua igreja). O agradecimento pela generosidade das pessoas é chave, pois ela é um fruto concreto desse fato.

capítulo 15
A igreja administrada com sabedoria

"[...] pois estamos tendo o cuidado de fazer o que é correto, não apenas aos olhos do Senhor, mas também aos olhos dos homens." (2Coríntios 8.21)

- **Visão e administração**

Se para o organismo vivo igreja é necessário ter uma visão clara, para a organização igreja, segue-se o mesmo princípio. Aqui vai a visão da nossa organização para que você tenha uma noção do que queremos dizer.

> "Eu vejo uma organização na qual:
> Os colaboradores entendem que trabalham primeiramente para Deus;
> O ambiente é regido pelos princípios de Deus;
> Cada colaborador compreende que não se trata apenas de trabalho, mas da própria vida de cada um;
> A prioridade são as pessoas, não as coisas;
> O trabalho é a construção de um sonho para várias gerações;
> Não se trabalha por obrigação, e sim por amor a uma causa;
> Encantamos os clientes externos e internos;
> A lealdade e o compromisso superam a obrigação da hierarquia e das regras;

A capacitação é um estilo de vida;
A produtividade é o reflexo do que somos;
O profissionalismo é uma referência;
O lugar é de crescimento e desenvolvimento;
Somos uma família, não um prédio;
Os colaboradores têm um espírito voluntário;
Cada pessoa é valorizada;
Encontramos o melhor lugar para trabalhar;
Cada colaborador vive, ama e serve."

Ao conhecer a nossa visão, agora você deve perceber o que eu quis dizer sobre uma visão para a sua organização. Ela o ajudará a focar aquilo que realmente fará a diferença, ou seja, pessoas e processos. Depois que estabelecemos uma visão, a gerência dela passa a ter sentido. É sobre isso que vamos nos aprofundar.

Acredito que seja um dos assuntos mais importantes hoje em dia quando se trata de igreja. Desde que começamos a igreja, administrá-la com uma visão fez total diferença. O meu objetivo é ajudar você e a sua igreja local no que for preciso para torná-la uma igreja saudável em todas as áreas.

O primeiro passo é separar a igreja (personalidade jurídica, organização) da pessoa do pastor. Os bens da igreja devem ser totalmente separados dos bens dos administradores, especificamente dos pastores. Terrenos, imóveis, veículos ou quaisquer outros bens, se pertencem à igreja e foram adquiridos com os recursos da organização, devem estar registrados como de propriedade dela. Seja qual for o tamanho da organização religiosa, esse princípio é a pedra fundamental.

Para isso, é importante organizar a igreja com instrumentos jurídicos adequados, tais como estatuto, ata de eleição de diretoria e transparência na governança da igreja. Há profissionais nessa área dos quais você precisa se cercar, bem como os líderes em geral, que não podem ficar alheios ao conhecimento de um assunto tão sério e relevante.

Algumas respostas precisam ser claras na sua organização. Quem faz parte da diretoria? Quem é o financeiro? Quem é o contador? Quem lidera a parte administrativa? A quem você presta contas? De onde são retiradas as informações usadas para tomar decisões? Como são escolhidos os profissionais com quem você trabalha: círculo familiar e parentela ou profissionais de fora? Algumas dessas respostas ajudam a manter a instituição com credibilidade. Se realmente você se importa com a igreja, isso fará grande diferença!

- **Contabilidade**

Como andam os registros contábeis e as informações obrigatórias que devem ser dadas aos órgãos competentes? Você dá a devida atenção a essa área? A minha formação em contabilidade tem sido de grande ajuda para não falhar nessa área. Acredito que uma igreja cujos membros estão seguros quanto à administração dos recursos se deve ao fato de saberem que a igreja tem uma contabilidade séria. Invista em profissionais nessa área e faça com que a igreja siga rigorosamente os princípios contábeis. O fato de não sofrermos periodicamente fiscalização pelos órgãos competentes não elimina a nossa obrigação de ter em perfeita ordem a contabilidade das finanças da nossa organização.

É importante frisar que precisamos ter controles internos que nos assegurem que os recursos doados chegarão, de fato, aos cofres da igreja. De forma prática, é preciso ter controles claros, que começam desde o recipiente utilizado para receber os recursos: o gazofilácio, um móvel, a sacola ou qualquer outro meio disponibilizado; que passam pela contagem da oferta, a ser feita por, no mínimo, três pessoas que registrem as entradas; até chegar ao depósito bancário, que deve acontecer no dia imediatamente posterior ao recebimento da oferta, levando-se em conta que em geral a coleta é feita nos fins de semana ou em dias de semana à noite.

Hoje em dia, a transferência bancária é a forma mais segura. Outros meios podem e devem ser utilizados, como o uso da máquina de cartão ou de aplicativos bancários. Os tempos mudaram, e não se trata de arrecadar mais, e sim de facilitar as formas de as pessoas doarem, além do fato de serem mecanismos seguros de entrada de recursos na conta bancária da instituição.

Há muita religiosidade a esse respeito. Algumas pessoas insistem em levar o recurso para a igreja, tanto dízimo quanto oferta, porque acreditam que essa é a forma bíblica de entrega a Deus. Sem entrar no mérito doutrinário do assunto, infelizmente há grande falta de informação, o que pode deixar a igreja em situação vulnerável. É sábio que os líderes expliquem que, por questões de segurança, as quantias em espécie podem favorecer situações de desvios, além de exigirem controles internos e custos desnecessários como segurança, voluntários e um conjunto de elementos que poderiam ser dispensados se a igreja adotasse a modernidade.

Ainda sobre contabilidade, sou da opinião de que a igreja deve ter um profissional competente, não um voluntário bem-intencionado da igreja sem formação profissional ou habilidade técnica necessária para gerir essa área. Por vezes, alguns pastores pensam que as informações da igreja poderiam cair em mãos erradas e preferem a informalidade; dessa forma, cometem um erro duplo: um por não disponibilizar a prestação de contas, e outro por não contratar um especialista no assunto. Ora, se a administração da igreja tem o cuidado de ser íntegra, não há nada o que temer. Por muito tempo, optamos por contratar o serviço de um escritório e profissional externo que nem era membro da igreja, o que resultou ser uma experiência bastante satisfatória. Atualmente, diante do volume de informações e do crescimento da igreja, temos um especialista na própria igreja, bem como um consultor, que nos ajudam no assunto. Se há uma área em que você, pastor, precisa cuidar com seriedade é a contabilidade da igreja. Faça isso e dará um passo enorme para que a sua credibilidade esteja em alta.

- **Prestação de contas**

O levantamento de fundos de uma igreja passa obrigatoriamente por credibilidade, transparência e aplicação correta dos recursos. Na prática, isso se traduz em confiar no líder principal e nas pessoas responsáveis pela administração dos recursos. Isso não acontece por acaso; é fruto de prestação de contas e publicação de informações e relatórios da instituição. Dispor de uma diretoria, de um conselho ou de um grupo de pessoas autônomas que possa exercer esse tipo de atividade traz para a igreja um valor imensurável. Em determinados casos, significa informar todos os números para os membros, principalmente quando um recurso foi recebido para um fim específico.

Na minha experiência, percebo que a maioria das pessoas não presta muita atenção na prestação de contas, mas, sim, que a prestação de contas esteja disponível a todos. Faz sentido para você? Nem sempre é necessário o desdobramento de cada gasto ou cada entrada, mas o que importa é demonstrar, de forma clara, que os recursos foram direcionados para o fim maior da igreja, que são as pessoas. Uma igreja cuja categoria de salários dos colaboradores e honorários dos pastores toma mais da metade dos recursos é, no mínimo, estranha.

O ideal é uma proporção de, no máximo, 30%. Geralmente se trabalha com 30% para salários, honorários e benefícios, 30% para ministérios e departamentos da igreja e 30% para manutenção e demais despesas. Restando um percentual de 10% para fundo de reserva. Quanto maior for essa sobra, melhor. E aqui vai uma dica: quando você quiser saber se é da vontade de Deus fazer determinada aquisição ou um investimento, olhe para a conta bancária. Ela vai sinalizar a voz de Deus. Outras vezes, o Espírito Santo nos direcionará a fazer algo em que, de forma sobrenatural, o recurso chegue, mas aconselho que sua igreja dia a dia caminhe em sabedoria e prudência.

- **Documentação e comprovantes**

Logo de início, siga este conselho: *Confiar é bom; conferir é melhor.* Quando tratamos dos recursos que são confiados aos líderes, é melhor ter o comprovante adequado e idôneo. Na verdade, sem comprovação não existe como averiguar o fato. Quantos problemas podem ser evitados com uma simples comprovação, através de documentação contabilmente aceita (isso mesmo: nota fiscal, recibo, comprovante de depósito)! Hoje em dia, ainda há a vantagem de ter a via de forma eletrônica. Ou seja, não há desculpas para haver uma saída de recursos sem que haja sua comprovação, a menos que outros sejam os motivos, nem sempre confiáveis. Nesse sentido, é sempre bom que o pastor converse com o profissional responsável sobre a documentação que é providenciada para a contabilidade.

- **Orçamento**

Como a igreja decide comprar, investir, gastar, doar? Como decide contratar alguém? Que parâmetros são utilizados para saber se a igreja anda bem financeiramente? Como foi a evolução das entradas nos últimos cinco anos? Como você sabe se poderia economizar mais, ou qual o departamento que mais pesa nas entradas? As entradas e saídas são registradas? Depois de tudo isso, *você ainda não utiliza o orçamento*?

Sei que a primeira coisa que pode vir à sua mente é que tudo isso é para igreja grande, ou que na sua igreja é diferente. Só digo uma coisa: o que não se gerencia não se controla. É só você verificar dentro da sua casa. Se você apenas paga a conta de energia elétrica, mas não a compara com os outros meses, deixa de exercer criatividade e economia. Se você é daquele tipo que não controla as suas finanças, muito provavelmente essa área da sua vida não está saudável, ou você é um caso raro, uma exceção.

Voltando para o âmbito de igreja, o orçamento é uma ferramenta de gestão indispensável. Afirmo isso com conhecimento de causa por saber que, com dados calculáveis, a igreja pode olhar para o passado, ver o que aconteceu, considerar o que precisa ser ajustado e, dessa forma, alterar a rota. Uma visão que se baseia em fatos e dados de um histórico detalhado é uma riqueza imensurável para o bem-estar da organização. E o que dizer do crescimento e da projeção da igreja no futuro mediante uma análise correta do passado e do presente? Essa ferramenta é o orçamento.

Bem-vindo à casa

Como melhorar ainda mais o gerenciamento das entradas e saídas no caso de igrejas que já usem o orçamento? Recentemente, um executivo de uma igreja relatou que sempre elabora o orçamento anual diminuindo as entradas e as saídas em 10%. E o que isso traz de benefício? Uma sobra de no mínimo 10%! Ao elaborar o orçamento do ano seguinte, a média projetada do ano é diminuída em 10%, o que vale dizer que as despesas deverão acompanhar o raciocínio; no início da realização dos projetos do ano referido, caso a receita seja maior (o que geralmente acontece pelo fato de ter sido orçado menor) haverá sobra de caixa. Esse exercício nos ajuda a criar uma sobra significativa e consequentemente a possibilidade de novos investimentos.

O uso dessa ferramenta não fica restrito a grandes igrejas e nem sempre é necessária uma grande equipe. Exige apenas uma decisão. Faça um levantamento das entradas e das saídas do ano anterior detalhadamente, ou seja, de cada despesa mensalmente. Em seguida, inicie uma projeção para o ano seguinte, mensalmente. Veja se há sobra ou, caso contrário, inicie cortes necessários para que isso aconteça. Elabore o orçamento o mais realista possível. E é melhor fazer uma projeção igual ou menor em relação ao ano em comparação. Lembre-se do que falamos anteriormente sobre isso. No início do ano, lembre-se de realizar as despesas de acordo com o que você projetou e compare: projetado *versus* realizado. Crie o hábito de tomar decisões mensalmente com base no seu orçamento.

O orçamento é algo aplicável para empresas, pessoas físicas e famílias, e para você que entende que a sua vida financeira precisa de ferramentas de controle. É preciso ser sincero caso sua situação financeira atual esteja relacionada com a falta de controle. Se esse é o caso, admita que a questão financeira envolve mudanças de hábitos que somente um orçamento poderá ajudar a construir.

Desde que utilizamos o orçamento, temos tido melhores resultados. No início, não foi nada fácil, mas agora se tornou uma experiência muito valorizada. Lembre-se: O que toleramos não mudamos.

Agora que você leu esse tema, que tal praticá-lo?

- **Sistemas de gestão**

Para gerir uma organização, é crucial o uso de ferramentas adequadas para a tomada de decisões. Muitas vezes, ficamos nos perguntando como grandes corporações fazem para tomar as decisões certas. Simples! Elas buscam meios de captar o maior número de informações e, com base em fatos e dados, sabem o caminho a seguir.

A instituição "igreja" não foge à regra. E a pergunta que se faz é: Quais são as informações necessárias para as suas decisões e como você as obtém? Quais são os meses do ano em que há maior fluxo de pessoas? E como você sabe disso? Quem e quantas pessoas passam pelas dependências da organização, pelas atividades, pelos cultos? E o que você tem feito com elas? Por que as pessoas estão com você e por que estão na igreja? Quais os pontos fortes e os pontos fracos que podem melhorar na igreja? Você decide por "eu acho que" ou "é certo que"? O que as pessoas experimentam nos cultos? Como você avalia a qualidade das mensagens?

De fato, não é nada simples gerir uma igreja. Diante dos inúmeros desafios e principalmente quando se trata de trazer esperança

> Bem-vindo à casa

para as pessoas, direcioná-las a ter um encontro com Jesus e levá-las rumo à eternidade, não se pode admitir uma gestão medíocre da igreja. Dessa forma, o assunto gestão deve ser algo com o qual o líder deve se preocupar. Sei que a maioria não dá importância ou espiritualiza demais o assunto. Seja honesto na resposta: você é intencional nesse assunto?

Conversemos sobre pesquisas. Comecemos com algumas perguntas: Qual é o retrato da sua organização? Qual é o perfil das pessoas que estão com você? Quem são elas? Já pensou em acabar com a linguagem "eu acho que" e começar a afirmar "é certo que"?

Fazemos uma pesquisa a cada três anos para termos essa convicção. Isso nos auxilia a conhecer o nosso público. Com base em fatos e dados, abrimos várias frentes de atuação, por exemplo:

- Que público focar: jovens, casais ou crianças.
- Avaliar o número de convertidos e de pessoas que entraram por transferência de outras igrejas e, dessa forma, direcionar as atividades para atrair mais convidados.
- Avaliar o discipulado e firmar as pessoas na igreja.

Perguntamos sobre tudo: a idade, o estado civil, o grau de instrução, o que eles gostam na igreja, quantos cultos por mês frequentam, se são dizimistas e ofertantes, se podem doar mais, a quais atividades costumam assistir; enfim, tudo que possa nos auxiliar em conhecer e saber se estamos no caminho certo com nossas atividades e se estamos falando com o público certo. Há inúmeras ferramentas disponíveis no mercado e de fácil manuseio que podem ser usadas para essa entrevista, e o bom é que a pessoa a recebe no próprio aparelho celular, responde na hora e a resposta chega em tempo real.

Utilizamos pesquisa em todos os setores da igreja, bem como sobre as nossas atividades. O objetivo é o mesmo, ter fatos e dados concretos para direcionar os nossos esforços. Imagine, por exemplo, ter a certeza de que pode falar abertamente sobre dízimos e ofertas porque na pesquisa consta que os seus membros não ficam constrangidos e que, ao mesmo tempo, podem doar mais? Já pensou em descobrir que a maioria dos membros se converteu na igreja e que já consta como membros há mais de três anos? Não sei você, mas eu me sinto seguro quando tenho dados nas mãos, e, com base neles, a possibilidade de acerto é maior quando preciso tomar uma decisão.

Com relação a isso, também é importante dizer que contabilizamos tudo e temos tudo registrado. Como assim? Em todos os cultos, queremos saber quantas pessoas estiveram presentes, quantos visitantes, quantas decisões por Jesus, quantas crianças, quantos voluntários e quantos assistiram ao culto *on-line*. Fazemos isso com um propósito: tomar decisões com fatos e dados. Como saber se estamos crescendo? O que aconteceu para que viessem tantos visitantes? Temos feito o nosso papel de pregar o evangelho? Pessoas têm decidido aceitar a Cristo? Quanto às crianças, temos sido uma igreja atrativa para elas? E, em comparação aos anos anteriores, qual foi o nosso crescimento? Em que meses precisamos focar mais, com atividades diferentes para atrair as pessoas, tendo em vista que nesses meses houve uma queda nos números? Todas essas respostas podemos ter quando fazemos algo simples: contagem rigorosa e permanente.

Você deve se perguntar, mas será que isso é necessário mesmo? Lógico que sim! A questão é simples: como você consegue tomar decisões sem ter um histórico de contagem? Como você sabe se a igreja está crescendo e por que ela está crescendo? A desculpa não pode ser a ausência de um sistema. Decida contar, qualquer que seja a ferramenta que você possui, mas lembre-se de parar e estudar os números. Você vai se surpreender com o número de decisões que podem ser tomadas e com os acertos!

- **Gestão de pessoas**

Uma das riquezas que você possui são os seus colaboradores. Eles fazem a igreja acontecer na semana; desse modo, precisam de atenção e investimento. Não teria nenhum sentido falar tanto de generosidade para com os de fora e não valorizar os colaboradores internos. A generosidade se estende a eles também.

Como organismo, criamos um ambiente propício e esperamos que os nossos colaboradores respondam com determinados comportamentos que fortalecerão a cultura da organização e ao mesmo tempo a visão. Veja, a seguir, quais são eles:

Proatividade: ver e agir sem que para isso seja necessário pedir.

Discrição: ver, ouvir e saber, mas fazer de conta que não viu, que não ouviu e que não soube, se o assunto não lhe diz respeito.

Serviço: ir além do que se requer para alcançar o que é desejável.

Autorresponsabilidade: compartilhar o sucesso da vitória com a equipe e assumir a responsabilidade pela falha individualmente.

Zelo: cuidar e agir como se fosse seu.

Gentileza: tratar os outros como gostaria de ser tratado.

Produtividade: atuar com o foco no resultado, não na tarefa.

Constância: manter um ritmo sustentável e crescente de excelência.

Autodesenvolvimento: assumir o fato de que eu, e somente eu, sou responsável pelo meu crescimento.

O primeiro grande investimento é descobrir quem são eles, quais são suas habilidades, em que áreas são fortes, ou seja, conhecer o perfil de cada colaborador. Usamos uma ferramenta muito valiosa que adquirimos no mercado, por meio da qual a nossa liderança principal é avaliada; assim, é possível identificar a pessoa certa para o lugar certo. Acredito que o maior desafio é fazer uma admissão de forma correta, no momento certo. E aqui repito uma dica: nunca admita alguém que você não tenha coragem de demitir; em outras palavras, faça o possível para que toda e qualquer admissão seja de forma profissional, evite o amadorismo. Contrate os melhores e remunere da melhor forma. Se você for um líder de nota 9, seu time estará no mesmo nível. Times com líderes de nota 7 terão equipes de nível 4 ou no máximo 5. Não há segredo quando você encontrar igrejas com equipe de alta *performance;* elas simplesmente possuem os melhores profissionais e renumeram acima do mercado. Não se iluda; ter os melhores significa remunerar muito bem.

Constantemente, fazemos encontros de *feedback* para saber como está cada gerente de área, sua equipe e cada colaborador. Essa ferramenta é de muita importância porque nos munimos de fatos e dados para a tomada de decisão, dada a importância de saber se a pessoa está no lugar certo e fazendo a coisa certa. É importante salientar que para cada função é dito o que se espera; sem descrição de cargo, fica difícil qualquer ferramenta.

Algo que temos experimentado é reunir semanalmente os colaboradores, junto com os pastores de tempo integral, cujo objetivo é orar juntos e criar um ambiente no qual todos se sintam parte da igreja, tendo motivos para celebrar o que acontece nos domingos e nas atividades ministeriais. Faz parte da visão da organização justamente isto: "*não se trabalha por obrigação, e sim por amor a uma causa*". Nossas reuniões acontecem em todos os *campi*, às quartas-feiras, no final da tarde. Temos um período de louvor, de oração e uma palavra de encorajamento e alinhamento da equipe. Não importa o tamanho da sua organização, essas reuniões são valiosas para integrar, valorizar e celebrar.

Por coincidência ou não, a nossa gestora de pessoas é a mesma de voluntários, e a ideia é justamente fazer com que os nossos colaboradores tenham o coração de um voluntário e vice-versa. Qual é a razão disso? Em determinados momentos, o trabalho exigido precisa ser feito com o coração, e isso significa algo que não está na descrição da tarefa. Não que isso vire rotina, mas, no contexto de igreja, algumas atividades, como uma conferência por exemplo, exigem dos nossos colaboradores um envolvimento além de suas funções normais. Tenho visto que eles sempre respondem positivamente.

Quando o assunto é a felicidade da sua equipe, não economize, dê a eles capacitação e treinamento nas funções específicas; honre sempre que for necessário e celebre a tempo e fora de tempo. Faça dos seus colaboradores as pessoas mais felizes e veja quanto a sua organização vai ganhar.

- **Gestão de qualidade**

Desde que implantamos essa ferramenta, os ganhos foram exponenciais. Produtividade, organização, processos, metas etc. Eu poderia continuar citando inúmeros outros ganhos, mas o que importa dizer é que significa muito mais que uma técnica.

A gestão de qualidade passou a ser algo que levamos a sério e que faz total diferença na nossa organização.

Talvez você pense que um orçamento funciona e é necessário em grandes organizações que contam com um quadro enorme de colaboradores, o que não é verdade. Sempre que há processos, haverá a necessidade de uma gestão de qualidade. Deixe-me esclarecer um pouco mais. Como é o processo de compras? Você tem um processo claro de um culto, antes, durante e depois? Qual é o seu planejamento estratégico para os próximos cinco, dez anos? Como você planeja uma conferência, um evento? Tem um processo para cada um deles? A sua organização tem um planejamento ou calendário anual? A sua equipe trabalha com metas claras ou vive sempre apagando incêndio?

Por mais simples que seja, qualquer gestão que tenha processos claros em seus departamentos colherá uma melhor produtividade, mais agilidade nas decisões e menos estresse na equipe. Existem bons profissionais no mercado que podem ajudar, ou talvez você tenha na sua própria igreja alguém que possa doar algumas horas para implantar essa ferramenta.

- **Administrando conflitos**

A gestão de qualquer organização exige a administração de situações não muito agradáveis, mas que precisam da liderança para tirar o melhor das pessoas e intervir quando necessário. Vejamos algumas considerações que tenho aprendido ao lidar com conflitos.

O conflito surge sempre que temos seres humanos envolvidos. Portanto, não deve nos tomar desprevenidos, pois é sinal de que tem gente por perto. A meu ver, não se trata de crise, já que a crise é o acúmulo de problemas não resolvidos. Nesse sentido, o conflito pode surgir constantemente, embora nem sempre seja percebido. Em geral, providencia um ambiente para crescimento; por isso, para administrá-lo de forma eficaz, seguem alguns conselhos.

Decida encarar o conflito, não fugir dele. O que acontece em muitos conflitos é que alguns líderes, por não gostarem de lidar com temas difíceis, vão postergando uma tomada de decisão; com o passar do tempo, fica mais complicado qualquer tipo de intervenção.

Administrar conflitos exige de nós tratar de assuntos complicados, o que, por sua vez, requer chamar pessoas para conversas nem sempre agradáveis, embora necessárias. Um conflito geralmente se inicia porque a maioria das pessoas prefere não se indispor com outras ou com a equipe. No entanto, o sábio alerta: "Melhor é a repreensão franca do que o amor encoberto. Leais são as feridas feitas pelo que ama, porém os beijos de quem odeia são enganosos" (Provérbios 27.5,6, *NAA*).

Salomão já nos advertiu sobre a necessidade de enfrentar aberta e francamente com amor. Leve em conta que podemos pôr fim a um conflito apenas com uma dessas conversas, não tendo uma atitude passiva ou de fuga na hora de enfrentá-lo.

É muito importante pôr-se no lugar do outro. A máxima de Jesus sobre relacionamento continua sendo a mesma: "Assim, em tudo, façam aos outros o que vocês querem que eles façam a vocês; pois esta é a Lei e os Profetas" (Mateus 7.12, *NVI*).

O que você diria se estivesse no lugar da outra pessoa? O que faria? Qual seria a sua reação? Quando analisamos uma situação na perspectiva do outro, o nosso senso crítico, o nosso julgamento e a nossa análise ganham outras dimensões e passamos a ter mais possibilidade de tomar a atitude correta.

Quer resolver um conflito? Veja os dois lados da moeda. Às vezes, as duas versões estão certas ou os dois lados estão errados. O exemplo típico é saber qual é o número correto: um seis (6) ou um nove (9)? Mas a pergunta a ser feita é de que lado a pessoa está vendo? Depende do ponto de vista. Afinal, os dois lados podem estar certos ou, ao mesmo tempo, errados.

Muitas são as situações que seguem parâmetros semelhantes. Tomamos partido por uma versão e desprezamos ouvir todos os lados envolvidos, e isso pode acabar piorando o conflito. Por pior que seja a versão que você ouviu, e por mais que a pessoa que contou seja convincente, decida ouvir todos os lados. Lembre-se: *toda conversa tem três versões, a de um, a do outro e a verdadeira.*

Tome muito cuidado quando alguém se põe como vítima. Em outras palavras, cuidado com a imaturidade. Perceba se a pessoa carrega um contrato com a infantilidade, o que, sem dúvida, precisa ser tratado antes de qualquer coisa.

Na resolução de conflitos, também é preciso verificar se uma das partes tem problemas emocionais e feridas da alma, pois nesse caso a solução será mais lenta e profunda.

Não caia nas generalizações; para alguns, tudo e todos são do contra e estão sempre errados. Em geral, essa perspectiva não oferece um caminho para a solução; nesse caso, comece afirmando que, seja qual for a situação, nunca haverá alguém com 100% de razão.

Tratar com maturidade um conflito é querer chegar a uma solução. Para isso, é preciso que cada parte envolvida admita sua responsabilidade no conflito. Não se pode chegar a uma solução quando um dos implicados leva o problema para o lado pessoal e não consegue ver além. Quando, porém, a autorresponsabilidade está presente, a solução está a caminho, porque é melhor ser feliz do que ter razão.

Além disso, **muitos conflitos são solucionados com uma comunicação adequada.** Desenvolva o hábito de falar do jeito certo e na hora certa. O contrário também deve ser levado em conta: quantos conflitos acontecem pelo simples fato de uma palavra ser usada indevidamente, o tom de voz ser áspero e rude ou, ainda, pelo aumento do volume de voz. Sabemos todos que a boa comunicação é, muitas vezes, a solução; a falta dela, o problema. Portanto, fale baixo, fale pouco e fale medindo bem cada palavra.

Finalmente, **tenha uma postura correta.** Antes de qualquer coisa, você é um seguidor de Jesus, a Bíblia é o seu padrão e o Espírito Santo é quem controla a sua vida. Desse modo, decida não se ofender e não se decepcionar, sabendo que a humildade é o poder sob controle, a mansidão é a força sob controle e a paciência não é apenas a capacidade de esperar, como também a habilidade de se manter cristão enquanto espera. Na solução de um conflito, precisaremos desses três ingredientes.

- **Tensão *versus* estresse**

"Gente é bicho complicado!" Será verdade? Com certeza você já disse ou ouviu alguém repetir essa frase. Quem na face da terra não precisa de outro ser humano? Qual profissão não exige que o profissional se relacione de forma saudável? Para os que lidam com pessoas e que precisam ter uma equipe motivada e um ambiente leve, existe uma necessidade bastante real: tenha a capacidade de equilibrar tensão e estresse.

Seja qual for a atividade, a realidade é a mesma: produzir mais com menos. Isso requer ter um time alinhado, motivado e capacitado, em que se respeitem mutuamente. É aí que aparecem os elementos da tensão e do estresse. De forma bem simples, quando colocamos tensão em um objeto, exigimos dele o máximo de força, geralmente para sustentar e trazer equilíbrio. Já o estresse é a química que produz no corpo um efeito que pode ser saudável ou nocivo. Como líderes, temos o grande desafio de manter o equilíbrio entre esses dois elementos nas nossas equipes.

Tensão gera tração. Para que haja movimento, a tensão deve existir. Fugir da tensão é fugir do crescimento. Quando há um conforto exagerado, não há crescimento. Para se arrastar algo do ponto A para o B, é preciso haver tensão e tração.

A tensão gera equilíbrio. Imagine, por exemplo, uma ponte estaiada; há tensão entre os lados, e o centro mantém-se balanceado; gerir as tensões é o caminho para o equilíbrio. A tensão, por sua vez, gera suporte. As equipes só se sustentam com cooperação mútua. Isso não acontece naturalmente, mas é fruto da intencionalidade do líder e dos liderados. Ser suporte nem sempre é algo confortável. Às vezes, incomoda e dói, mas o resultado que provoca na equipe é imensurável.

No entanto, sempre surge algo na contramão, e esse é o estresse. A arte da liderança é a capacidade de liderar uma equipe como se na nossa mão tivéssemos um passarinho. Se colocarmos muita força e apertarmos a mão, geraremos muito estresse e mataremos a equipe. Se abrirmos demais a mão, deixaremos a equipe fazer o que quiser, não haverá tensão, e a equipe se perderá. Portanto, cuide bem do que você tem nas mãos!

capítulo 16
A igreja guiada pelo Espírito

Parabéns e obrigado por ter chegado até aqui na leitura! Espero que você não seja daqueles que leem o último capítulo para saber se vale a pena o resto do livro, mas, se for este o seu caso, deixei as últimas páginas para pôr aqui todo o meu coração, porque sou apaixonado pela igreja de Cristo. Por sinal, o título do livro é um convite para que as nossas igrejas sejam essa casa agradável, na qual as pessoas não apenas são bem-vindas, mas querem fazer da igreja sua própria casa.

O que seria uma igreja guiada pelo Espírito? Que características possui uma igreja na qual a presença do Espírito Santo é palpável? Como manter uma atmosfera em que as pessoas experimentarão o sobrenatural de Deus? É possível ter uma igreja organizada e, ao mesmo tempo, espiritual? Qual é a definição de uma igreja espiritual?

Creio que, se respondermos a todas essas perguntas e principalmente pusermos em prática essas verdades, é possível, sim, vivenciarmos a igreja cheia do Espírito. Vejamos como isso acontece.

- **É voltada para alcançar o perdido**

Do ponto de vista de Deus, uma igreja de sucesso é voltada para anunciar a Palavra de Deus de forma que alcance o perdido e

Bem-vindo à casa

produza transformação de vida. Não existe satisfação maior do que ver uma pessoa sendo alcançada pelo evangelho de Jesus. Vale dizer que precisamos crer que qualquer pessoa, seja ela quem for, pode ter sua sorte mudada e ter sua vida completamente transformada. Quando falo que qualquer pessoa pode ser salva, vem à minha memória aquele homem que foi ao encontro de Jesus, possesso de uma legião de demônios. Veja o que aconteceu:

> Quando Jesus desembarcou, um homem com um espírito imundo veio dos sepulcros ao seu encontro. Esse homem vivia nos sepulcros, e ninguém conseguia prendê-lo, nem mesmo com correntes; pois muitas vezes lhe haviam sido acorrentados pés e mãos, mas ele arrebentara as correntes e quebrara os ferros de seus pés. Ninguém era suficientemente forte para dominá-lo. [...] Pois Jesus lhe tinha dito: "Saia deste homem, espírito imundo!" [...] Quando se aproximaram de Jesus, viram ali o homem que fora possesso da legião de demônios, assentado, vestido e em perfeito juízo; e ficaram com medo. [...] Então, aquele homem se foi e começou a anunciar em Decápolis o quanto Jesus tinha feito por ele. Todos ficavam admirados (Marcos 5.2-4,8,15,20).

Precisamos ser uma igreja que vive essa realidade, e o evangelho de Jesus é poderoso para realizar essa obra.

> Não me envergonho do evangelho, porque é o poder de Deus para a salvação de todo aquele que crê: primeiro do judeu, depois do grego. Porque no evangelho é revelada a justiça de Deus, uma justiça que do princípio ao fim é pela fé, como está escrito: "O justo viverá pela fé". (Romanos 1.16,17)

Quando cremos que o evangelho de Jesus é suficiente, vemos milhares e milhares se rendendo a Cristo. Mas algumas coisas são necessárias: amar o perdido, ter compaixão de todas as pessoas e crer que Jesus é suficiente para elas.

- **É centrada em Jesus**

Pode ser uma verdade óbvia, mas, por incrível que pareça, esta não tem sido a realidade de muitas igrejas. Infelizmente, tenho observado que ainda se discute muita coisa sobre o que Jesus falou pouco e se ensina pouca coisa sobre o que Jesus falou muito. Não quero criar polêmica, mas fico triste em ver líderes se apegando a doutrinas humanas como se fossem da Bíblia, regras que, muitas vezes, se tornam maiores que a própria Palavra, na tentativa de transformar o ser humano através do medo e da imposição.

Temos vivido de forma intencional, essa é a palavra mais adequada. A intencionalidade de apresentar Jesus em todas as ocasiões. O louvor é centrado em Jesus. A mensagem é sobre Jesus. A direção que as pessoas precisam seguir é Jesus. Quem transforma é Jesus. Tudo é sobre ele.

> Pois dele, por ele e para ele são todas as coisas. A ele seja a glória para sempre! Amém. (Romanos 11.36)

Pregue sobre Jesus e sua obra! Faça do púlpito o lugar do qual as pessoas ouvirão sobre Jesus e respeite a ação do Espírito Santo em cada pessoa. A igreja jamais será a mesma. O seu público vai experimentar um avivamento. Você verá quantas pessoas serão enviadas pelo próprio Senhor e quantas vidas serão salvas.

- **É fundamentada na Palavra**

Quando terminei de pregar certa vez, uma jovem veio ao meu encontro e disse quanto aquela mensagem tinha sido impactante para ela; em seguida, perguntou: "De onde o senhor tira essas mensagens?".

"Da Bíblia", respondi com certo espanto. Quantas pessoas pensam assim? E por quê?

Pregar a Palavra, pela Palavra, precisa ser natural quando falamos da igreja de Jesus. A Bíblia foi, é e será sempre o fundamento de uma verdadeira igreja. Acredito que essa será uma batalha que o Diabo travará contra os líderes, tentando apresentar a Bíblia como algo ultrapassado e cheio de histórias que não fazem mais sentido. No entanto, a nossa missão continua sendo a mesma:

> Você, porém, fale o que está de acordo com a sã doutrina (Tito 2.1).

Muitos comunicadores da Bíblia são excelentes na atualidade; pessoas que se apresentam de uma tal forma que encantam a todos, que sabem usar técnicas argumentativas ou que falam como se estivessem sentadas tomando um café, com muita simplicidade e desenvoltura. Embora eu valorize a boa comunicação, tenho, no entanto, sempre o cuidado de querer saber a fundamentação bíblica de qualquer mensagem, pois somente a Palavra de Deus tem o poder de transformar o ser humano. Ela, de fato, nos alimenta e estabelece a verdade de Deus no nosso espírito:

> "Assim como a chuva e a neve descem dos céus e não voltam para eles sem regarem a terra e fazerem-na brotar e florescer, para ela produzir semente para o semeador e pão para o que come, assim também ocorre com a palavra que sai da minha boca: ela não voltará para mim vazia, mas fará o que desejo e atingirá o propósito para o qual a enviei" (Isaías 55.10,11).

Há vários textos sobre a importância da Palavra e, com certeza, você sabe a respeito, mas o texto de Isaías é suficiente para mim.

Por ele vejo que a Palavra de Deus é eficaz e produz o que diz. Ela não precisa de acréscimo; explica-se por si mesma. Sou grato pelo número de livros que temos ao nosso alcance, pela facilidade de informações disponíveis, mas não abro mão de buscar na Palavra o que Deus quer dizer ao coração das pessoas.

Tenha sempre em mente que pregar a Palavra é mais fácil porque não se trata da minha ou da sua opinião. Tentar convencer as pessoas em determinados assuntos daquilo em que acreditamos pode ser mais difícil. No entanto, quando fundamentamos nossa linha de pensamento na Palavra, será o suficiente para combater qualquer argumento.

- **É cheia do Espírito Santo**

Por muito tempo, a pessoa do Espírito Santo recebia mais atenção em algumas igrejas chamadas renovadas ou pentecostais. Isso talvez não seja do seu tempo, mas os meus cabelos brancos são testemunhas de quantas foram as discussões, divisões e pessoas machucadas. Foram tempos maravilhosos, mas também de muita infantilidade. Eu também fui imaturo e agi sem sabedoria, mas Deus foi misericordioso e, com o tempo, fui crescendo e amadurecendo.

Hoje, vejo que falar do Espírito Santo é questão de sobrevivência. Uma igreja somente permanece viva se tiver a presença dele. E aqui está o desafio para os líderes: criar uma atmosfera tal que, em cada atividade, venhamos a desfrutar da presença maravilhosa do Espírito Santo.

> A igreja passava por um período de paz em toda a Judeia, Galileia e Samaria. Ela se edificava e, encorajada pelo Espírito Santo, crescia em número, vivendo no temor do Senhor. (Atos 9.31)

Que texto fascinante! O Espírito Santo, quando está presente, encoraja a igreja e a faz crescer.

Quando lemos o livro de Atos, encontramos a importância do Espírito Santo na igreja. Ele levantava as pessoas e revelava o que deveria ser feito. E era na manifestação do Espírito que se via o poder de Deus.

Desejar, buscar e confiar no poder do Espírito Santo faz de uma igreja o lugar no qual vidas são transformadas, as curas acontecem, as decisões são reais e o avivamento acontece de forma natural.

Imagine fazer parte de uma igreja que, de um lado, caminha de forma organizada, sem dívidas, financeiramente saudável, generosa e, em uma proporção crescente, é cheia do poder do Espírito Santo... Particularmente, levo a sério esses aspectos. Desejo que você faça o mesmo.

capítulo 11

As cinco cadeiras

Acredito que este capítulo o ajudará a enxergar a igreja de uma forma mais prática, pois direcionará todos os seus esforços a cinco diferentes tipos de pessoas que estão sentadas nos bancos das nossas igrejas. Caso você consiga tratar de forma diferente cada uma delas, acredito que a sua igreja será extremamente saudável.

- **A cadeira do visitante**

Como você trata as pessoas que chegam à igreja? Elas são identificadas? São valorizadas? São respeitadas? Você tem um ambiente que atrai os visitantes? Você já se questionou por que os membros não chamam amigos, parentes, colegas de trabalho para a igreja? Caso você identifique os visitantes, o que faz com eles? A nossa experiência há muito tempo tem sido que a igreja cresce com a chegada de visitantes que se convertem e confessam Jesus nas nossas reuniões. A relação entre visitantes e conversão beira 70%, ou seja, a cada 10 visitantes, cerca de 7 se convertem. Isso significa dizer que essa cadeira é importantíssima.

Quando decidimos que precisávamos dar uma atenção às pessoas dessa cadeira, adaptamos a comunicação, melhoramos a recepção, criamos uma área especial para eles a fim de conhecê-los melhor — de onde vinham, através de quem chegaram à igreja, do que eles mais gostaram e o que poderíamos fazer para tê-los de volta. De uma

Bem-vindo à casa

coisa tínhamos certeza: se nos dessem a oportunidade de entrar em contato com eles, a probabilidade de permanecerem na igreja era enorme, e foi justamente o que aconteceu.

Quando o assunto é visitante, não existe uma segunda chance para uma primeira impressão. Já pensou nisso? Para mim, muita coisa muda quando a igreja se torna um lugar atrativo a novas pessoas interessadas em conhecê-la. Embora seja normal um membro mudar de uma igreja para outra, espero que não seja normal você desejar esse tipo de coisa nem focar o seu crescimento nesse movimento. Se você concorda com isso, decida ter um plano eficaz para ser uma igreja irresistível e prepare para receber bem as pessoas. Na nossa experiência, os novos convertidos trazem seus amigos e parentes.

O meu último conselho sobre essa cadeira: coloque as pessoas mais educadas no estacionamento. Ponha as pessoas mais gentis e as pessoas que causarão uma excelente impressão da igreja nos espaços de contato com os visitantes. Não se esqueça dessa cadeira, pois é ela que faz a igreja crescer.

- **A cadeira do seguidor de Jesus**

Quando o visitante se torna mais frequente, precisamos provocar nele uma decisão: seguir Jesus; isso mesmo, devemos ser uma igreja que aponta para Jesus e que leva as pessoas a terem um encontro com ele; isso também inclui dar condições para que permaneçam seguindo-o, obedecendo-lhe e sendo transformadas pelo evangelho.

Fazer isso exige que a nossa mensagem seja contemporânea sem perder a essência; uma mensagem que ama o pecador, mas o conduz a reconhecer que o pecado é que o afasta de Deus e que somente pelo arrependimento e pela confissão de pecados é que o destino eterno do homem é mudado. Sabemos muito bem que somente Jesus tem o poder de fazer isso.

Quando decidimos identificar essa cadeira, estamos tomando a decisão de facilitar as pessoas para chegarem a Jesus; isso mesmo, facilitar, não complicar, como Tiago afirmou na primeira conferência da igreja do primeiro século:

"Portanto, julgo que não devemos pôr dificuldades aos gentios que estão se convertendo a Deus" (Atos 15.19).

É exatamente como diz Tiago que acredito que uma igreja deve agir: não criando dificuldades ou regras meramente humanas, impondo um jugo que nem mesmo Jesus exigiu. Simples como o Senhor fazia: convidava primeiramente para uma jornada que se iniciava com o processo de segui-lo, do jeito que a pessoa estava. Foi assim com todos os 12 discípulos. O que acontece nessa fase é o desenvolvimento de um relacionamento mais íntimo e, a partir daí, se passa a conhecer, de fato, quem Jesus é, e somos conhecidos por ele.

Seguir Jesus também é fazer o que ele faz; se ele vai para a direita, eu também; se ele toma a esquerda, faço da mesma forma; se ele parar, devo fazer o mesmo. Nessa fase, o caráter é tratado, a vontade é mudada, o mundo do discípulo passa a ser o mundo dele. Aqui é o fundamento no qual tudo começa.

Quando o seguimos de todo o coração, o que acontece em seguida? Passamos a obedecer de forma natural porque percebemos que seguir Jesus dá certo, que a palavra posta em prática funciona; desse modo, passamos a obedecer. Se seguir é o fundamento, obedecer é o processo, e, nessa etapa, percebemos que nem sempre vamos entender o porquê de tudo, mas decidimos continuar crendo que a Palavra de Jesus dita tem mais poder do que querer entendê-la. Aqui é sobre o Jesus da Palavra e sobre o que ele afirma: "Quem crer em mim, como diz as Escrituras [...]" (João 7.38).

Seguir é o fundamento, obedecer é o processo e o resultado que vamos ver é uma vida transformada. O Espírito Santo sabe muito bem transformar pessoas, e é nosso dever respeitar o que só ele é capaz de fazer.

- **A cadeira do membro**

Para o membro, a igreja é o ponto principal e pertencer à igreja local é uma jornada fascinante. Segundo o livro de Salmos,

> "Os justos florescerão como a palmeira, crescerão como o cedro do Líbano; plantados na casa do Senhor, florescerão nos átrios do nosso Deus. Mesmo na velhice darão fruto, permanecerão viçosos e verdejantes, para proclamar que o Senhor é justo. Ele é a minha Rocha; nele não há injustiça" (Salmos 92.12-15).

Sentar-se nessa cadeira é uma decisão pessoal, mas nós, líderes, precisamos fazer essa igreja ser um ambiente atraente que reflete literalmente o corpo de Cristo, um lugar no qual as pessoas têm uma experiência com Deus; um lugar de relacionamentos saudáveis, no qual Jesus é a mensagem principal e a Palavra é o fundamento para isso acontecer.

"Tem coisas que só acontecem na igreja." Não se trata apenas de uma frase; é pura realidade, e acredito que seja um dos desafios que nós líderes devemos ter, ou seja, proporcionar essa experiência única, que não é possível acontecer em nenhum outro lugar.

Igreja é algo tão sério que o próprio Jesus disse que é ele quem a edifica, é ele quem a constrói; é ele quem a faz florescer. Convidar a pessoa a mudar de cadeira não pode ser visto como obrigação, e sim como o melhor lugar onde estar. E nesse lugar todo mundo é bem-vindo.

- **A cadeira do voluntário**

A ideia dessa cadeira é a mudança de mentalidade que precisa ser vivida por todo membro, ou seja, o membro deixa de pensar no que a igreja pode fazer por ele e passa a querer fazer algo por ela.

Por muito tempo, vivemos na perspectiva de uma igreja que se estabelecia oferecendo a seus "membros clientes" um "cardápio de produtos e serviços", até que outro cardápio aparecesse (o que nem sempre demorava acontecer). Qual era o resultado? Os "membros clientes" saíam para as igrejas que ofereciam melhores opções. Acredito que a cultura do voluntariado quebra esse ciclo e estabelece o amor pela igreja local.

Se servir é fruto de quem tem a natureza de Jesus, logo não é sobre o que fazemos, e sim a quem servimos. Nesse aspecto, a responsabilidade é de cada pessoa que está na igreja, não apenas do pastor e da liderança maior. Independentemente de título ou posição, servir é algo natural de todo seguidor de Jesus. Uma igreja com a cultura do voluntariado é um lugar capaz de atrair pessoas: perfeitas, imperfeitas, pecadoras, religiosas ou rotuladas pela sociedade. Quando servimos, fazemos a parte mais fácil, que é amar e servir, e deixamos que o Espírito Santo faça a mais complicada: transformar as pessoas!

- **A cadeira do crítico**

As pessoas que ocupam essa cadeira estão presentes em todos os lugares da sociedade: nas famílias, nos escritórios das empresas, no governo, nos corredores das cidades e nas conversas dos bares. Quer conscientes quer não, aqui e acolá, carregamos esse espírito dentro de nós e precisamos ficar alerta para não sermos dominados por ele. Para ser mais claro, a cadeira do crítico também está presente na igreja. Acredito que seja a minoria da minoria, mas infelizmente eles sempre têm nas mãos um microfone.

O que fazer com pessoas sentadas na cadeira da crítica? Primeiro, devemos ser ouvintes e considerar se por trás de uma crítica existe uma parcela de verdade dita de forma errada, mas que precisa ser levada em consideração. Nunca despreze uma crítica, principalmente dita por alguém de relevância. Talvez, como disse anteriormente, a conversa não tenha sido no lugar certo, da forma certa ou no momento ideal, mas, dependendo da postura do líder que a recebe, pode vir a ser um bom conselho.

No entanto, com relação às críticas ditas por dizer, sem fundamento, cujo único objetivo é denegrir a pessoa ou a organização, precisa ser desprezada e, como resposta, devemos mostrar resultados. Para mim, os fatos e os dados são suficientes para combater qualquer tipo de crítica, e você já ouviu algo parecido: "Contra fatos não há argumentos". Salomão já dizia: "A sabedoria do homem lhe dá paciência; sua glória é ignorar as ofensas" (Provérbios 19.11); em outras palavras, sua glória é ignorar as críticas.

Não seja um líder que fica em busca do que estão falando e que se preocupa com o último comentário a seu respeito; adote uma postura serena, sabendo que, na jornada da liderança, sempre haverá alguém com algum comentário indelicado; contudo, procure cercar-se de pessoas coerentes e criar um ambiente para ouvir o que você necessita ouvir. Cuidado para não buscar sempre o que você gostaria de ouvir. Líderes que estão rodeados apenas de bajuladores andam, na verdade, em um terreno perigoso.

Por fim, essa cadeira precisa estar isolada das demais. Embora ela exista, não valorize o que não tem valor.

Conclusão

Escrevo numa segunda-feira, depois de um domingo de celebração. Geralmente prego em todos os cultos da nossa igreja, mas a primeira coisa que faço é celebrar os números da semana, quantos frequentadores em cada *campus*, quantos visitantes, quantos voluntários, quantas crianças e quantos decidiram entregar a vida a Jesus. Por trás de cada número tem uma pessoa, cada pessoa tem uma história, cada história importa para Deus. Olho todos esses números e digo a mim mesmo, valeu a pena, faria tudo novamente por cada vida que inicia a semana melhor, que teve sua vida inspirada, transformada e motivada a seguir Jesus. Celebro cada membro que escolheu fazer da igreja a sua casa, cada voluntário que contribuiu com alegria para servir às pessoas, cada criança, cada vida que teve sua eternidade transformada, cada líder que fez sua parte, e a minha equipe que me ajuda a ser pastor e a ser humano.

Você percebeu que o livro é justamente sobre isso, fazer de você uma pessoa que tem motivo para celebrar porque intencionalmente a igreja é esse ambiente que nos proporciona experiências que não existem em nenhum outro lugar do mundo. Já parou para pensar nisso? Fazemos parte do maior plano de Deus de resgate da humanidade, esse plano tem um lugar, e se chama igreja.

Você poderia investir seu tempo em vários projetos, poderia ter decidido colocar seus recursos em projetos maravilhosos como abrir um negócio, gerar empregos, cuidar de pessoas em organizações filantrópicas, terminar uma faculdade, jogar em

Bem-vindo à casa

um time de futebol, ser artista plástico, ser um influenciador digital, mas escolheu a igreja como seu projeto de vida. Graças a Deus por pessoas como você. Cada pessoa tem o seu valor no Reino de Deus. Nós líderes de igreja não somos os melhores ou os mais importantes, mas, com certeza, estamos fazendo algo tremendo como os demais, temos o nosso valor, nunca se esqueça disso. Em cada página do livro coloquei meu coração, dei o meu melhor para você ser esse líder melhor, tornar a igreja de Jesus vibrante, atraente e influente. Não é sobre o tamanho que somos, é sobre dar o nosso melhor e esperar bons frutos, porque eles virão.

Fiz questão de não tocar em assuntos teológicos, talvez você tenha se frustrado com isso, ou talvez não, espero que não, mas deixe-me explicar: importa é que você use a Bíblia, aponte para Jesus, facilite as pessoas a se tornarem seguidores de Cristo e a terem uma vida transformada ao ponto de agradarem a Deus. Para mim sua escolha teológica é entre você e Deus e não quero entrar nesse mérito.

Eu amo a igreja local e sei que você também. Nesta conclusão, é meu desejo orar para que a paixão pela igreja se torne algo cada vez maior em seu coração. Vale a pena seu investimento, vale a pena sua dedicação, pois nada se compara a essa ideia maravilhosa de Deus chamada igreja.

Desejo que a igreja sempre seja sobre:

Um Deus para ser adorado;
Um Salvador, Jesus Cristo, para ser crido;
Um Pai para ser amado;
Um Espírito Santo para ser obedecido;
Um batismo para ser recebido;

Conclusão

Um Corpo para ser participado;
Um evangelho para ser pregado;
Um Senhor para ser seguido;
Uma cruz para ser carregada;
Uma vida para ser vivida;
Uma eternidade para ser desfrutada...

Espero que tudo o que falamos aqui faça sentido para você, colocar em prática é o grande desafio. Se você fizer disso o seu objetivo principal, os frutos serão inimagináveis. E agora me permita orar por você.

"Senhor Deus, a igreja é tua e em nome de Jesus eu venho pedir em favor de cada líder, de cada pastor, de cada membro que tem em seu coração uma paixão por aquilo que o Senhor tanto ama, a igreja. Peço que o teu Espírito Santo derrame um profundo amor, uma paixão cada vez maior, bem como uma visão que só o Senhor é capaz de derramar. Oro também para que cada igreja seja saudável o suficiente para trazer a tua presença, ao ponto de que as pessoas que a frequentam venham conhecer a ti, como o Senhor realmente é. Que cada igreja seja capaz de perseverar na tua presença, que o teu nome seja amado, adorado e exaltado. Que cada cidade, cada bairro, sejam transformados pela presença da igreja local e que o Reino de Deus seja estabelecido pela tua Igreja. Vem Espírito Santo sobre cada líder e derrame o teu poder para que curas, maravilhas e salvação aconteçam de forma natural. Em nome de Jesus, que isso aconteça de fato. Amém!"

Tenho certeza que o melhor de Deus ainda está por vir!

Parte 5

Apêndices

Manual
Lounge
"Bem-vindos à nossa casa!"

Aqui amamos a Deus e servimos às pessoas como expressão da nossa fé e da nossa mais profunda identidade.

1. IDENTIDADE DO *LOUNGE*

QUEM SOMOS

O *Lounge* é o departamento da CCVideira em que os visitantes são recebidos e aqueles que resolveram fazer de Jesus seu único e suficiente Senhor e Salvador, os novos decididos (NDs), são acolhidos.

Foi criado pela liderança sênior da CCVideira como a estratégia de acolhimento na qual todos possam conhecer um pouco mais sobre a igreja e seus valores, e na qual aqueles que fazem a igreja no *Lounge* expressam alegria e gratidão em poder recebê-los.

Os visitantes que chegam à CCVideira recebem durante o culto um cartão que dá acesso ao serviço do *Lounge*, portanto, esse lugar é o "cartão de visita" da CCVideira, lugar de ser a igreja que Deus espera, no qual pessoas são servidas, encorajadas e apoiadas. Servir no *Lounge* é ter a responsabilidade de garantir a melhor impressão possível da igreja. É revestir-se de intencionalidade para expor a fé a partir da graça e de propósito para amar a Deus e servir às pessoas.

Bem-vindo à casa

O *Lounge* aponta para uma igreja que tem o compromisso de abraçar indistintamente a todos e lhes dizer: "Sejam bem-vindos, sintam-se em casa, esperamos tê-los conosco em outra oportunidade. Deus abençoe vocês".

O *Lounge* também revela uma igreja que compreende o valor e a importância de quem tomou uma decisão que aguarda a eternidade e, por isso, alegra-se e tem a sabedoria de apoiar e encorajar essas pessoas a darem o próximo passo.

VISÃO

Ser o departamento mais acolhedor, inclusivo, vibrante e visionário da CCVideira.

MISSÃO

Apresentar Jesus da maneira mais favorável às pessoas, levando em conta os valores como igreja, na qual amar a Deus e servir às pessoas é expressão de fé e da identidade.

VALORES

O serviço do *Lounge* sempre levará em conta quatro perspectivas importantes: personalidade; dons e talentos; coração pela Casa; e experiência. Isso é importante para a prática dos valores da igreja.

No serviço do *Lounge*, um dos valores mais importantes é a cultura da excelência. Existe intencionalidade em se fazer tudo com excelência. Excelência nos seguintes aspectos:

- Aparência — a forma como nos apresentamos tem um efeito na forma como as pessoas percebem a igreja. A equipe sempre deve refletir em sua aparência duas virtudes importantes: unidade e uniformidade. O *Lounge* é um time e não só precisa pensar como um só time, mas também precisa vestir um uniforme.

- Serviço — antes de mais nada, o voluntário do *Lounge* precisa procurar saber tudo que é necessário e imprescindível para servir nessa posição. Servir na igreja é sobre Deus e sobre pessoas. É sobre ajudar pessoas a se conectarem com Deus. O serviço deve ser realizado com amor e diligência.

- Atmosfera — uma das tarefas mais importantes do serviço do *Lounge* é criar uma atmosfera (ambiente) que possibilite as pessoas se conectarem entre si e com Deus. A forma pela qual os voluntários se movem e a maneira pela qual eles falam e se comportam é fundamental para a criação de uma atmosfera apropriada e excelente, pois a atitude afeta a atmosfera. As pessoas percebem no discurso, na linguagem corporal e nas ações; se os voluntários estão cansados, mal-humorados ou desinteressados. Por isso, eles precisam cuidar das emoções e atentar para os detalhes que importam.

RESPONSABILIDADES

O *Lounge* tem as seguintes responsabilidades:

- Ter a estratégia de acolhimento da igreja para os visitantes e NDs;

- Conectar os visitantes e NDs após o culto, dando prosseguimento a "experiência CCVideira";

- Criar a melhor atmosfera possível para que os visitantes e NDs sintam-se acolhidos e sejam incentivados a dar o próximo passo;

- Apresentar a igreja aos visitantes e NDs sem imposição da nossa fé e da nossa crença. Ser intencional, mas não invasivo;

- Incentivar os visitantes e NDs a preencherem uma ficha para que a igreja possa se conectar com eles e expressar a gratidão por eles terem visitado a igreja;

- Apresentar aos visitantes e NDs a estratégia da CCVideira sobre discipulado e relacionamento;

- Apresentar à liderança do culto os dados referentes ao número de visitantes e NDs que estiveram no *Lounge* e reportar qualquer problema ocorrido antes, durante e após o serviço.

- Inspirar, liderar e manter o nível de compromisso levando em consideração os seguintes princípios:

  ➤ Proteger a unidade da igreja, agindo com amor para com os demais membros, recusando cultivar fofocas e falácias;

  ➤ Submeter-se à liderança da igreja;

  ➤ Compartilhar da responsabilidade com a liderança, orando pelo crescimento saudável da igreja, convidando pessoas e recebendo bem os visitantes;

  ➤ Maximizar a utilização dos dons e talentos de todos a serviço do Reino e da igreja local;

  ➤ Ser um testemunho vivo da visão da igreja, refletindo a cristo; e

  ➤ Contribuir financeiramente através dos dízimos, das ofertas e da Jornada Faça sua parte.

2. ESTRUTURA DO DEPARTAMENTO

O serviço do *Lounge* é dividido em três equipes de voluntários:

- Recepção: voluntários com placas que recepcionam os visitantes e os NDs para o atendimento.

- Logística: voluntários que preparam e servem café, *capuccino*, *brownie* e água.

- Atendimento: voluntários que atendem os visitantes e NDs, dão as boas-vindas em nome de nossa liderança sênior, orientam no preenchimento das fichas e dão as informações sobre os próximos passos.

3. PROCESSOS DO *LOUNGE*

Os principais processos do *Lounge* formam uma tríade importante para a realização de sua missão como o departamento responsável pela execução da estratégia de acolhimento da igreja e são conhecidos como:

- Conectar — diz a respeito à interação direta com os visitantes e NDs e ao processo de recepção, atendimento e acolhimento em nossa estrutura física.

- Engajar — é sobre a atividade de vinculação dos NDs e de qualquer membro da igreja em um grupo de crescimento (GC).

- Consolidar — é o último processo e se trata de acompanhar e direcionar os membros e NDs que desejam servir como voluntários ou desejam realizar a trilha do curso Fundamentos.

4. AVALIAÇÃO DO SERVIÇO

INDICADORES-CHAVE

Entendendo a importância do departamento para a igreja, é necessária uma avaliação contínua, que acontece com a utilização dos indicadores abaixo:

- Número de voluntários em serviço/Demanda de voluntários para o serviço;

- Número de voluntários em serviço por ministério/Demanda de voluntários por ministério para o serviço;

- Número de visitantes no *Lounge*/Número de cartões distribuídos;
- Número de NDs no *Lounge*/Número de mãos levantadas durante o apelo;
- Número de NDs encaminhados para GC/Número de NDs no *Lounge*;
- Número de novos voluntários do *Lounge team*/Número total de voluntários do *Lounge team*;
- Número de voluntários do *Lounge* presentes na reunião pré-culto/Número de voluntários em serviço.

RESULTADOS DESEJADOS

Espera-se que o *Lounge* alcance esses resultados:

- Visitantes e NDs acolhidos e incentivados a darem o "próximo passo";
- Membros e NDs conectados a um GC;
- Líderes e auxiliares envolvidos com a visão, influentes e compromissados em cuidar de sua equipe e em desenvolver seus dons e talentos;
- Voluntários impactados pela oportunidade de servir a Deus, alcançando e servindo pessoas;
- Líderes, auxiliares e voluntários crescendo em maturidade através do serviço;
- Ambiente acolhedor e propício ao voluntariado e ao exercício dos valores da igreja.

Manual
Grupo de Crescimento — GC

1. CONCEITO

O QUE É

Grupo de crescimento (GC) é um grupo promovido por membros da CCVideira que possui quatro objetivos:

- Promover relacionamento saudável entre os membros;
- Prover cuidado pastoral para os membros da igreja e proporcionar crescimento espiritual por meio do estudo da Palavra, utilizando os estudos direcionados pela igreja;
- Inspirar pessoas ao envolvimento ativo na igreja local;
- Funcionar como ferramenta de evangelismo, conectando pessoas, não convertidas ou sem igreja, a Jesus e à CCVideira.

O QUE NÃO É

Não é terapia — apesar de a experiência de grupo ser bastante terapêutica, o líder deve ser sábio para não deixar que experiências pessoais e emotivas tirem o foco do grupo;

Não é reunião de oração — apesar de ter oração, o grupo não se resume a isso;

Não é momento de aconselhamento — isto deve ser feito em um momento privado;

Não é espaço para invasão de privacidade — há experiências que devem ser compartilhadas apenas com o líder ou pessoa habilitada a aconselhar, não com o grupo.

2. MÉTODO

A experiência de seguir Jesus não é um processo automático e instantâneo, é uma jornada. Precisamos aprender a ser discípulos de Jesus, passo a passo.

O caminho do discípulo não é marcado pela perfeição, mas pelo compromisso com a transformação contínua, pois deseja ver o caráter de Cristo formado em si. Portanto, a palavra-chave em nossa peregrinação espiritual é crescimento. Em nossos GCs, incentivamos pessoas a um crescimento que seja:

- Acompanhado — prestar contas de nossa caminhada, além de ser um princípio bíblico, é um elemento impulsionador na vida do discípulo de Jesus para o crescimento de seu caráter e de seus relacionamentos. Nos GCs criamos o ambiente propício para pessoas encontrarem parceiros na jornada com quem possam prestar contas de seu crescimento. Perceba que apesar de ser função do líder se disponibilizar para ser um prestador de contas para os integrantes do grupo, esse princípio não deve ser exercido apenas pelo líder, mas deve ser um princípio praticado entre os membros.

- Autorresponsável — cada discípulo de Jesus é responsável por buscar crescimento espiritual submetendo-se à ação transformadora do Espírito Santo através da intimidade com Deus que se dá na vivência das disciplinas espirituais (meditação na Palavra, oração e jejum). Um dos alvos do GC é inspirar pessoas a serem autônomas, proativas e engajadas em seu crescimento.

- Relacional — a fé cristã é comunitária. Somente em uma rede de relacionamentos somos desafiados, encorajados, confrontados e reconhecidos. É nesse misto de louvor e disciplina que "*o ferro afia o ferro*" e nosso caráter é moldado. É no contexto do GC que cada pessoa possui a oportunidade de compartilhar lutas, receber apoio, prestar contas de seu crescimento e celebrar mudanças. Chamamos isso de vida na vida: uma vida marcada por Jesus marcando outra vida. Note que isso não exime o aspecto autorresponsável de nosso crescimento, antes, o completa e o impulsiona.

3. ESTRUTURA

ENCONTROS 40/1/20

Os grupos de crescimento seguem uma estrutura que chamamos de "Encontro 40/1/20" que busca atender os três propósitos do GC. Funciona da seguinte forma:

- Duração da reunião: máximo de 2 horas sendo este tempo usado conforme abaixo:

Tempo	Atividade	Propósito
40 minutos	Lanche e quebra-gelo	Promover relacionamento
1 hora	Estudo (seguindo cada guia de estudo disponibilizado pela igreja)	Proporcionar ferramentas para o crescimento espiritual
20 minutos	Oração e avisos da agenda da igreja	Encorajar envolvimento com a igreja

- Local da reunião: deve ser escolhido com critério, pois deve ser calmo, propício para o bom funcionamento do grupo. Perceba que alguns encontros poderão requerer um lugar em que seja possível utilizar recursos audiovisuais.

Para marcar um encontro, deve seguir os passos:

- Passo 1: entrar em contato com seu grupo via telefone, mensagem ou *whatsapp*;
- Passo 2: convidar cada participante para o grupo no privado, valorizando a presença dele. Solicitar a confirmação das pessoas;
- Passo 3: acordar previamente com seu grupo o dia e horário que os encontros acontecerão e cadastrar a data da reunião no *Planning center*. Caso haja mudança na agenda, informar ao seu grupo com antecedência.

Nota 1: é importante que o líder honre a agenda dos liderados a fim de contar com o compromisso deles. Mudanças constantes de datas dos GCs são prejudiciais ao grupo.

Nota 2: para grupos de casais/adultos não é ideal que os filhos participem do momento do grupo. Organizar uma estrutura para cuidar das crianças ou esclarecer ao grupo que não há estrutura para crianças. Mas em casos emergenciais ou de visitantes, ser flexível e criar possibilidades para que ninguém fique de fora.

PREPARAÇÃO DO ESTUDO

Seguir os passos abaixo:

- Passo 1: acessar o site e baixar o material da série de estudos;
- Passo 2: orar pedindo que o Espírito Santo ilumine seu entendimento e traga revelação da Palavra;

- Passo 3: após esse primeiro estudo, contextualizar o conteúdo. Deixar o estudo falar com você, orar, aplicar em sua vida, responder as perguntas, checar as referências bíblicas citadas, tomar nota do que Deus falar com você (promessas, atitudes a serem mudadas) e, se necessário, tirar dúvidas com seu líder. Essa etapa é imprescindível, pois antes de transmitir o estudo, você deve ser o primeiro a ser impactado.

- Passo 4: reservar um momento para interceder pelo seu grupo. Orar para que Deus fale ao coração de cada participante, levando-os ao entendimento espiritual que conduza a uma mudança de vida para a glória de Deus.

CONVIVÊNCIAS

Além dos encontros 40/1/20, o GC tem a liberdade de promover momentos informais de descontração e lazer que chamamos de convivências. Não burocratizar! O GC deve ser um grupo de amigos que celebram aniversário juntos, assistem um filme, fazem viagem etc., tudo dentro da possibilidade do grupo.

4. INTEGRAÇÃO

Os GCs não são fechados, são comunidades de caráter receptivo, logo, cada líder de grupo sempre deve incentivar uma cultura de receptividade aos novos membros da igreja que entrarão no GC, assim como aos convidados não convertidos ou sem igreja.

As pessoas podem se integrar ao GC de duas formas:

- Através do cadastro de novos convertidos e visitantes no *Lounge* que funciona em todos os cultos da igreja;

- Através do convite de pessoas no grupo. Para tanto, é importante frisar que a forma como é conduzida a integração de alguém no grupo é crucial para o compromisso que ela manterá com o grupo.

Na recepção de um visitante, é importante atentar para os passos:

- Passo 1 — Conversa de integração: alinhamento de expectativas — Deixar claro, para pessoas que querem participar do grupo, como funcionam os encontros: horário e dia, duração e constância dos encontros (semanal) e principalmente o propósito do grupo (relacionar, crescer e servir), estrutura dos encontros (exemplo: para grupos de casais, deixar claro se haverá estrutura para crianças ou não). O líder de GC pode utilizar o presente manual para esclarecer esses pontos com a pessoa em questão. É importante ouvir a pessoa e deixá-la externar o que ela espera do grupo, para que todos estejam "na mesma página". A isso chamamos de alinhamento de expectativa.

  Nota: Deixar claro que o grupo do *Whatsapp* e o cadastro no *Planning Center* é para membros ativos, logo, informar que visitantes somente integrarão o grupo após afirmarem seu compromisso com o grupo.

- Passo 2 — Celebração da entrada de novos integrantes — uma vez que a pessoa responder positivamente às expectativas colocadas, acordando com o propósito do grupo, indo pelo menos a três encontros consecutivos, ela passa a ser um membro ativo do GC e sua entrada deve ser celebrada.

5. REDIRECIONAMENTO DE PESSOAS

Na dinâmica dos GCs podem surgir situações de pessoas que apresentem comportamentos nocivos à saúde do grupo, como por exemplo:

- Insubmissão à liderança do grupo;

- Conflitos recorrentes com membros do grupo;
- Tentativa de influenciar pessoas do grupo a caminhos que não honram a Deus;
- Resistência ao arrependimento e rejeição às práticas pecaminosas.

Nesse caso, é preciso tomar a posição que foi ensinada por Jesus em Mateus 18.15-17. O primeiro passo é o líder tentar resolver qualquer impasse diretamente com a pessoa. Se não houver efeito, a conversa deve ser retomada com a presença de outra pessoa madura na fé (orientamos que seja o supervisor pastoral). Caso não haja mudança de comportamento, então o caso ficará na responsabilidade do supervisor pastoral que, junto à coordenação pastoral, decidirá como se dará o redirecionamento da pessoa, para outro GC ou para qualquer outro contexto no qual a restauração dela seja possível.

6. CONTEÚDO

Os grupos de crescimento dão continuidade aos temas e às discussões abertos na pregação dominical. Assim, todo estudo de GC está ligado ao sermão pregado no domingo que iniciou a semana na qual o estudo será ministrado.

A equipe de ensino da igreja disponibiliza semanalmente o guia de estudo que contempla um breve esboço da pregação ministrada, e perguntas que podem ser utilizadas pelo líder para facilitar a discussão.

7. LIDERANÇA

ESTRUTURA PASTORAL DE UM *CAMPUS*

Em nossa estrutura pastoral:

- Coordenadores pastorais: pastoreiam os supervisores pastorais;

- Supervisores pastorais: pastoreiam líderes de GC;
- Líderes de GC: pastoreiam os membros da igreja.

Essa figura representa uma estrutura de pastoreio na qual cada camada é cuidada, encorajada, inspirada e acompanhada pela camada superior através dos grupos de líderes e da mentoria exercida pelos supervisores e coordenadores.

Além das qualificações específicas que serão citadas em detalhes para cada líder da estrutura do pastoreio, seguem qualificações adicionais: é esperado que tenham relacionamento e compromisso com Jesus Cristo; deem testemunho e tenham conduta que glorifique a Deus e reflita os valores da igreja dentro e fora dos perímetros da igreja; tenham compromisso e lealdade com a visão e com a liderança da igreja; tenham maturidade espiritual para manter uma conduta cheia de graça e misericórdia, sem crítica, julgamento ou legalismo.

Os líderes de GC, supervisores pastorais e coordenadores pastorais não devem estar liderando uma equipe de serviço, mas esperamos que estejam servindo.

LÍDER DE GC

Seguem as atribuições e qualificações exigidas de um líder de GC:

SÍNTESE DA FUNÇÃO: pastorear um GC, conectando pessoas ao coração da igreja local, promovendo relacionamentos, provendo suporte pastoral, equipando com princípios bíblicos, inspirando a amar e servir na igreja local e ser relevante na sociedade.

FUNÇÕES--CHAVE	DESCRIÇÃO
CONECTAR	☐ Conectar novas pessoas (não convertidas, sem igreja e frequentadores da CCVideira sem GC, via convite pessoal, *Lounge* e *Planning Center People*); ☐ Criar um círculo de relacionamento amigável, receptivo e inclusivo no qual as pessoas se sentem bem em participar; ☐ Tomar a responsabilidade de fazer pessoas novas no grupo se conectarem com as demais; ☐ Promover atividades que facilitem e encorajem o relacionamento no grupo.
PASTOREAR	☐ Conduzir com eficiência os estudos bíblicos orientados pela igreja; ☐ Ajudar pessoas a aplicarem os princípios bíblicos em sua vida cotidiana; ☐ Facilitar o crescimento espiritual através do encorajamento e da prestação de contas; ☐ Incentivar a prática das disciplinas espirituais (oração, meditação na Palavra etc.); ☐ Orar pelas pessoas do grupo; ☐ Levar questões sérias* (quando houver) para a supervisão/coordenação pastoral na qual o GC pertence. * Questões sérias: questões que ponham a vida em risco, infrinjam a lei ou que exijam maior *expertise* para lidar. Ex.: Tentativa de suicídio, atividade criminosa, drogadição, automutilação, compulsões sexuais ou alimentares e disfunções que comprometam a saúde da pessoa.
SERVIR	Incentivar pessoas a amar a igreja local servindo como voluntário e dando suporte à visão da igreja.
VERIFICAR	Registrar as frequências no *Planning Center*; Monitorar a frequência e saúde do GC através do *Planning Center*.
MULTIPLICAR	Encontrar, desenvolver e liberar novos líderes dentre os membros do grupo; Levar o grupo a multiplicar, no mínimo, a cada doze meses.

Bem-vindo à casa

Responsabilidades adicionais: é esperado que o líder de GC participe dos GCs de liderança; participe das reuniões de líderes; esteja presente, participando, em pelo menos um culto no domingo; seja dizimista; conduza o GC dentro do planejado; seja voluntário em uma equipe de serviço (seja nos cultos da igreja, seja nos ministérios); participe dos eventos do ministério que o GC faz parte.

O líder de GC deve reunir-se: semanalmente, com o grupo em uma reunião padrão; e, quinzenalmente, com os supervisores para ser acompanhado em sua liderança e caminhada com Jesus.

SUPERVISOR PASTORAL

Seguem as atribuições e qualificações exigidas de um supervisor pastoral:

SÍNTESE DA FUNÇÃO: pastorear um GC de líderes, empoderando-os para um melhor exercício de sua função, conectando uns aos outros por meio de relacionamentos saudáveis, equipando-os com ferramentas de liderança e maturidade espiritual e verificando o andamento dos grupos conforme as diretrizes da igreja.

FUNÇÕES-CHAVE	DESCRIÇÃO
CONECTAR	☐ Criar um círculo de relacionamento saudável entre os líderes supervisionados; ☐ Levar questões sérias* (quando houver) à coordenação pastoral na qual o GC pertence. * Questões sérias: questões que ponham a vida em risco, infrinjam a lei ou que exijam maior *expertise* para lidar. Ex.: Tentativa de suicídio, atividade criminosa, drogadição, automutilação, compulsões sexuais ou alimentares e disfunções que comprometam a saúde da pessoa.
PASTOREAR	☐ Facilitar o crescimento espiritual através do encorajamento e da prestação de contas; ☐ Incentivar a prática das disciplinas espirituais (oração, meditação na Palavra etc.); ☐ Orar pelas pessoas do grupo; ☐ Estudar os roteiros 4Cs no GC; ☐ Conectar os líderes às ferramentas de crescimento; ☐ Mentorear os líderes de GC individualmente, utilizando a ferramenta Ciclo da Vida, no mínimo, uma vez por mês.

FUNÇÕES-CHAVE	DESCRIÇÃO
VERIFICAR	☐ Monitorar frequência e saúde dos grupos via *Planning Center*; ☐ Avaliar trimestralmente os líderes com a pesquisa de líderes; ☐ Visitar os GCs.
MULTIPLICAR	☐ Ajudar os líderes a desenvolverem uma cultura de liderança; ☐ Dar o suporte necessário para que os grupos multipliquem, no mínimo, a cada doze meses.

Responsabilidades adicionais: é esperado que o supervisor pastoral participe dos GCs de coordenação e de supervisão; participe das reuniões de líderes; esteja presente, participando, em pelo menos um culto no domingo; seja dizimista; seja voluntário em uma equipe de serviço; participe dos eventos do ministério que o GC faz parte.

O supervisor pastoral deve reunir-se, de forma alternada, quinzenalmente, com o grupo de coordenação e com os líderes que supervisiona.

COORDENAÇÃO PASTORAL

Seguem as atribuições e qualificações exigidas de um coordenador pastoral:

SÍNTESE DO CARGO: pastorear um GC de supervisores, empoderando-os para um melhor exercício de sua função, conectando uns aos outros por meio de relacionamentos saudáveis, equipando-os com ferramentas de liderança e maturidade espiritual e verificando a saúde dos grupos em sua rede conforme as diretrizes da igreja.

FUNÇÕES-CHAVE	DESCRIÇÃO
CONECTAR	☐ Criar um círculo de relacionamento saudável entre os líderes supervisionados; ☐ Levar questões sérias* (quando houver) aos pastores de *campus*. * Questões sérias: questões que ponham a vida em risco, infrinjam a lei ou que exijam maior *expertise* para lidar. Ex.: Tentativa de suicídio, atividade criminosa, drogadição, automutilação, compulsões sexuais ou alimentares e disfunções que comprometam a saúde da pessoa.

Bem-vindo à casa

FUNÇÕES--CHAVE	DESCRIÇÃO
PASTOREAR	☐ Facilitar o crescimento espiritual através do encorajamento e da prestação de contas; ☐ Incentivar a prática das disciplinas espirituais (oração, meditação na Palavra etc.); ☐ Orar pelas pessoas do grupo; ☐ Dedicar-se aos estudos de líderes; ☐ Conectar os líderes às ferramentas de crescimento; ☐ Mentorear os supervisores pastorais individualmente, pelo menos uma vez por mês, utilizando a ferramenta Ciclo da Vida.
VERIFICAR	☐ Monitorar frequência e saúde dos GCs da coordenação pela qual é responsável via *Planning Center*; ☐ Avaliar semestralmente os supervisores; ☐ Visitar os GCs de supervisores.
MULTIPLICAR	☐ Ajudar supervisores a desenvolverem novos líderes; ☐ Dar o suporte necessário para que os grupos multipliquem no mínimo a cada doze meses; ☐ Coordenar o processo de formação de líderes na estrutura pastoral; ☐ Avaliar e entrevistar novos líderes de GC.

Responsabilidades adicionais: é esperado que o coordenador pastoral participe dos GCs de coordenação e de supervisão; participe das reuniões de líderes; esteja presente em pelo menos dois cultos no domingo, segundo a escala estabelecida pelo pastor de *campus*; seja dizimista; participe dos eventos ministeriais conforme a agenda permitir.

O coordenador pastoral deve reunir-se, de forma alternada, quinzenalmente, com o pastor de *campus* e com os supervisores que ele coordena.

PERFIL DA LIDERANÇA

Seguem três aspectos que devem ser observados na vida do líder (os 3Cs da liderança):

□ Caráter — o líder de GC tem a reponsabilidade de zelar por um testemunho que honre a Deus dentro e fora dos perímetros da igreja. Testemunho é externo, no entanto caráter é interno. Testemunho é avaliado pelos homens, caráter é avaliado por Deus, aquele que vê o coração. Líderes devem possuir ambos: caráter e testemunho. A Bíblia é clara sobre o padrão estabelecido para aqueles que lideram: relacionamento com Deus (irrepreensível, apto, cristão maduro etc.), com a família (puro sexualmente, governe bem a sua casa etc.), consigo próprio (moderado, sensato, grato etc.) e com outras pessoas (respeitável, amável, pacífico, boa reputação etc.). Ser referência e inspiração para outras pessoas, para viverem uma vida que agrada a Deus. Alguns tópicos dignos de atenção são elencados abaixo:

o Ser sábio quanto aos ambientes em que vai para lazer;
o Abster-se de vícios e maus hábitos;
o Ser dizimista e ofertante;
o Abster-se de práticas sexuais ilícitas (práticas imorais, sexo antes do casamento ou fora do casamento);
o Usar as redes sociais prudentemente;
o Os casais devem ser casados civilmente.

□ Competência — significa ter capacidade, habilidades, conhecimento em certa área. Um líder precisa ser competente em duas dimensões: tarefas — preparar os encontros, facilitar os estudos, organizar ações do grupo, convivências etc.; pastoreio — ouvir, encorajar, aconselhar etc. Competência é saber o que fazer. Como líderes, nosso compromisso deve ser com o aperfeiçoamento contínuo de nossas habilidades e com uma postura ensinável sempre.

☐ Compromisso — é dedicação à causa, é andar a segunda milha por um propósito. Um líder de grupo deve se identificar com o DNA da CCVideira, pois somente nos dedicamos àquilo em que acreditamos. Em suma, é importante que um líder de GC:

o Ame a visão dos seus pastores *seniores*;
o Submeta-se às diretrizes da igreja;
o Esteja de acordo com a declaração doutrinária da igreja.

NOVOS LÍDERES

O GC tem uma identidade multiplicadora, ou seja, todo grupo ruma na direção de gerar novos grupos e, portanto, todo líder de GC deve procurar levantar, desenvolver e liberar novos líderes. Duas perguntas relevantes: "Quem?" e "Como?".

Quem é um líder em potencial? Procure pelos 3Cs na prática:

☐ Caráter — está comprometido com a mudança, crescendo e se tornando mais parecido com Jesus? Está disposto a vivenciar um crescimento autorresponsável, relacional e acompanhado? Tem uma família saudável? Dá um bom testemunho?

☐ Competência — já exerce certo nível de influência no grupo e demonstra interesse em liderar? Relaciona-se bem com os outros e tem habilidade em facilitar discussões e organizar encontros?

☐ Compromisso — qual o nível de dedicação dessa pessoa? Ela ama a igreja local e a visão da nossa comunidade? Apoia as iniciativas da igreja? Está disposta a andar a segunda milha por outros? Tem disponibilidade para honrar a agenda de ser líder? Tem paixão por conectar pessoas?

A cultura de emponderamento — como preparar alguém? Siga as quatro leis básicas que vemos no treinamento de Jesus com os discípulos:

☐ Etapa 1 — "Eu faço, você observa": a melhor forma de começar a desenvolver uma pessoa é convidando-a para caminhar junto, assim como Jesus fez com seus discípulos. Caminhar juntos irá proporcionar a oportunidade de conhecer o coração da pessoa, compartilhar lições intencionalmente e permitir que ela observe a vida do líder mais de perto. Lembre-se: ensinamos o que sabemos, mas reproduzimos quem somos.

☐ Etapa 2 — "Eu faço, você ajuda": dar à pessoa a oportunidade de ajudar em algumas tarefas. Isso despertará nela o senso de contribuição (eu importo), utilidade (posso ajudar em algo) e responsabilidade (esse grupo também é meu). Pessoas são motivadas por líderes que as incluem no que fazem. Em nossos grupos, incentivamos o exercício de uma liderança participativa:

Liderança centralizadora	Liderança participativa
O líder *faz* tudo	O líder *alcança todos os objetivos*
O líder ministra estudos	O líder facilita discussões
O líder organiza todos os detalhes da reunião	O líder delega a outros os detalhes e supervisiona o processo
Alimenta dependência	Alimenta autorresponsabilidade
O líder cuida, provê suporte e acompanhamento para cada pessoa	O líder é disponível a todos, mas encoraja o grupo a exercer os mandamentos recíprocos
O líder se sente pressionado a treinar aprendizes	O líder convida outros a caminhar com ele
Produz um grupo de liderados	Produz um grupo de amigos
Tem vida curta, se cansa fácil	Tem vida longa, renova-se

- Etapa 3 — "Você faz, eu ajudo": esse é o momento que envolve desafio. Para crescer, a pessoa precisa sair da zona de conforto. Ser responsável por tarefas não tão críticas (organizar o lanche do grupo, ligar para algumas pessoas etc.) e, gradualmente, aumentar a responsabilidade dela. Dar espaço para que a pessoa faça do seu jeito, pois todos nós precisamos de instrução. Fazer algo sem ensino prévio é frustrante. Cabe ao líder proporcionar ferramentas de ensino e treinamento para a pessoa. Estudar um livro juntos, discutir uma palestra ou pregação juntos, transferir *insights* e incentivar a valorização da informação. O suporte é importante, mas o *feedback* é mais poderoso!

- Etapa 4 — "Você faz, eu observo": nessa etapa quase não há direção ou suporte. Confiar responsabilidades à pessoa e simplesmente assistir ao sucesso dela. Evitar intervir, apenas observar. A maior contribuição é, mais uma vez, o *feedback* sincero e criterioso.

MULTIPLICAÇÃO

Uma vez que o desejo de Deus é alcançar e salvar todas as pessoas, o desejo da igreja deve ser o mesmo. Assim como fui alcançado, que outros sejam! Sendo assim, GC não pode ser um clubinho fechado, mas um grupo em missão, a missão de conectar pessoas a Jesus e ajudar cada pessoa alcançada a se tornar tudo que ela nasceu para ser.

O GC deve multiplicar quando tem uma frequência consolidada de 14 pessoas ou 10 casais e houver pessoas aptas (segundo critérios deste manual) para assumir o novo GC oriundo da multiplicação.

Para que uma multiplicação seja bem-sucedida, deve seguir os passos:

- Alinhar com o supervisor pastoral;

- Encaminhar o futuro líder para ser entrevistado pelos coordenadores pastorais (havendo aprovação, passa para o próximo passo);

- Aproximar intencionalmente o futuro líder de pessoas que potencialmente serão lideradas por ele no grupo resultante dessa multiplicação (esse passo deve ser feito em acordo com o líder atual do GC);
- Comunicar o grupo acerca da multiplicação. Obs.: Essa comunicação deve ser feita em tom de celebração e entusiasmo.

ENTREVISTA PARA SER REALIZADA PELO COORDENADOR

Entrevista para Líder de GC

Nome do candidato: _____

Coordenador: _____

Data: _____/_____/_____   Aprovado ( )   Reprovado ( )

1. Pré-entrevista:

Deve ser solicitada ao candidato uma apresentação escrita contendo:
- Seu testemunho;
- Sua jornada na igreja.

2. Sugestão de perguntas para a entrevista:

2.1. Caráter

- Qual é a sua história? O que mudou em sua vida desde que você aceitou Cristo?
- Quais áreas você precisou vencer? Para você, qual foi a sua maior transformação?
- Que pontos você acredita que precisam ainda ser trabalhados mais urgentemente?

- [ ] Como está seu relacionamento com Jesus?
- [ ] Você é dizimista e ofertante?

2.2. Competência

- [ ] Quais são seus pontos fortes e pontos fracos como líder?
- [ ] Se um novo convertido entrar em seu grupo, de quais formas você tentará ajudá-lo?
- [ ] Se um conflito surgir entre duas pessoas do grupo, como buscará resolvê-lo?
- [ ] Se alguém abertamente se declara homossexual para você, qual a sua postura?
- [ ] Você se relaciona bem com pessoas?
- [ ] O que faz a diferença entre um bom líder e um líder ruim?
- [ ] Quais cursos da igreja você já fez?

2.3. Compromisso

- [ ] Você entende a dedicação necessária para cumprir a agenda do líder? Dispõe de tempo?
- [ ] Fale sobre a missão: viver, amar e servir. Explique o que é isso para você. Como você tem buscado viver isso?
- [ ] Você entende o que é esperado de sua parte como líder?
- [ ] Você está disposto a empoderar novos líderes?
- [ ] Qual o seu próximo passo na jornada de crescimento na liderança?

Manual

Videira Kids — VK

1. UM MINISTÉRIO DNA

QUEM SOMOS

O Videira *Kids* atua como departamento de serviço, pois todos os domingos acontecem os cultos e, por isso, precisa estar pronto a servir durante o culto. Simultaneamente aos cultos para os adultos, acontecem os cultos do VK, independentemente da quantidade de cultos, pois, para cada culto para adulto que existe, há um culto do VK.

Também atua como ministério, pois cuida de uma faixa etária muito importante da igreja. Tem uma organização de ministério com GCs, acampamentos e atividades para fortalecer o vínculo das crianças no culto e, assim, aumentar o número de participantes.

O VK é um ministério DNA, pois tudo que é criado pelos pastores e pela equipe é replicado para os outros *campi*. Todos os *campi* recebem o mesmo conteúdo fornecido pelo Videira *Kids*.

MISSÃO

Viver, amar, servir e se divertir.

ESTRUTURA

O Videira *Kids* (VK) está dividido em departamentos que são:

- Ninho: as crianças já começam a ser ministradas com louvor e oração. Momentos de brincadeiras e muita diversão são proporcionados para os bebês que ficam para o culto.
- Arca: o objetivo é ensinar o básico. As séries utilizadas falam sobre quem é Deus, como tudo começou e quem é Jesus. E, através de brincadeira, diversão, louvor e Palavra, a criança vive o melhor momento.
- Reino: aqui a imaginação é muito explorada, pois essa faixa etária é muito lúdica. Então, com brincadeiras bem orientadas, louvor, Palavra e vídeos, a atenção da criança fica presa, para que ela possa viver o melhor momento dentro do culto.
- Safári: aqui as crianças são cheias de energia. Tudo o que elas querem é brincar e se divertir. Por isso, os voluntários proporcionam momentos únicos de diversão. Também, durante o louvor, a pregação e vídeos, há intencionalidade em promover um momento bem atrativo para não perder a atenção deles.
- *Connect*: as crianças são mais experientes e, às vezes, não querem mais ser tratadas como tais. Nesse departamento, é necessário ter pregadores e voluntários mais atualizados para poderem ter conexão com a criança. O louvor, a pregação e os vídeos são mais longos e o lado espiritual pode ser mais explorado.

No Videira *Kids*, há uma organização hierárquica forte, unida e com espírito de família, que faz tudo acontecer. Sempre alertamos e relembramos que não é a função que determina a pessoa, mas o coração dela. O que cada um faz não substitui o que cada um é. Cada um é inspirado a ter um coração voluntário, não importando qual função tenha. O VK tem a seguinte estrutura de liderança e voluntariado:

COORDENADOR DE *CAMPUS*

O coordenador de *campus* é o líder geral do *Kids* em cada *campus*, e todos os níveis hierárquicos estão abaixo dele. Ele é a figura do pastor de crianças do *campus*, participa da equipe de ministério do pastor de *campus*, mas recebe a visão e as orientações por meio do DNA *Kids*. Ele representa o Videira *Kids* naquele *campus*.

A sugestão é, sempre que possível, que seja um casal casado, proativo, comunicador e com afeto para essa posição. Seguem suas funções:

- Levar o *Kids* aos olhos do pastor de *campus*, sendo uma ponte entre tudo que está acontecendo, e saber o que o pastor de *campus* deseja para o VK;
- Saber como as famílias estão, ter relacionamento com os pais, ser a figura de segurança para as famílias que deixam seus filhos no *Kids*;
- Participar quinzenalmente da reunião com o pastor de *campus* e sua equipe;
- Participar de reunião estratégica quinzenal com os demais coordenadores de *campus* e com os pastores DNA do Videira *Kids*;
- Repassar toda a visão da igreja, o calendário e as informações para a sua equipe direta;
- Gerar relacionamento entre a equipe.

SUPERVISOR DE *CAMPUS*

O supervisor de *campus* é o "braço direito" do coordenador de *campus* e está em sua equipe direta. Cada departamento do Videira *Kids* tem um supervisor.

O supervisor deve ser maior de idade, estar há algum tempo na igreja e ser comprometido com seu GC. O Ninho é o único departamento em que a liderança precisa ser feminina.

Eles são os líderes gerais de cada departamento independentemente de quantos cultos o *campus* tiver, precisam ser vistos em seu departamento, têm que inspirar seus líderes e voluntários, e construir confiança. Devem influenciar pessoas a se sentirem em casa. Seguem suas funções:

- Levantar líderes para cada horário de culto do seu departamento, trabalhar diretamente com esses líderes incentivando-os a organizarem as escalas de serviço e a terem relacionamentos com os voluntários, além de acompanhá-los;
- Participar quinzenalmente da reunião com o coordenador para alinhamento, prestação de contas e repasse de todas as informações para a sua equipe de líderes;
- Pensar em melhorias para o departamento;
- Repassar as demandas do departamento;
- Levantar soluções para problemas de liderança;
- Entrevistar voluntários novos para o departamento;
- Ter o cuidado pastoral com as crianças que chegam aos cultos.

LÍDER DE SALA

O líder de sala tem sua responsabilidade restrita à sala no horário em que ele serve, ou seja, aquele horário sempre será a figura dele. Em outro horário, já existe outro líder de sala. Isso ocorre para que seja criado um vínculo entre o líder, a criança e os pais, facilitando a adaptação da criança e a confiança dos pais.

A quantidade de líderes de sala é influenciada pela quantidade de cultos no *campus*. Se um *campus* tem apenas um horário de culto, então será apenas um líder de sala para cada departamento do VK. Seguem suas funções:

- Levantar a equipe de voluntários;
- Preparar o colíder para que seja suporte em todos os cultos e o substitua nos cultos em que não pode estar presente;
- Preocupar-se com a segurança das crianças e fazer desse momento algo especial para as crianças e suas famílias;
- Participar de reunião quinzenal com os supervisores para alinhamento e *feedback* dos cultos, pois ele está na equipe direta do supervisor.

Nota: O líder de sala não tem rotina de reunião com seus voluntários, mas indicamos, sempre que possível, que ele promova encontros com a equipe fora do tempo de culto, para gerar relacionamento.

LÍDER DE LOGÍSTICA

O líder de logística se preocupa com a parte externa do culto. Ele faz a ligação do externo com o interno. A figura do líder de logística é fazer com que cada líder de sala esteja preocupado único e exclusivamente com sua sala. Seguem suas funções:

- Fazer a ligação das informações entre o culto *Kids* e o líder de culto dos adultos, gerando essa proximidade;
- Conhecer todos os líderes de sala e trabalhar para um excelente funcionamento do culto *Kids*;
- Participar de reunião quinzenal com o supervisor do Departamento de Logística para alinhamento e *feedback*;
- Coordenar o *check-in* de crianças e dos voluntários;

- Realizar as boas-vindas (placas e animação na chegada das crianças);
- Controlar a sala de matérias do *Kids*;
- Fazer a logística do culto *Kids*: contagem das crianças, contagem de oferta, abrir as salas, ligar o ar-condicionado de todas as áreas e realizar demais funções relacionadas ao culto *Kids*.

Nota: Por tantas atividades, a Logística sempre necessita de uma quantidade maior de voluntários quando comparada com outros departamentos do *Kids*.

LÍDER DE CULTO

É o próprio supervisor de departamento. Os supervisores de *campus* têm uma escala mensal de liderança de culto. Nesse momento, o supervisor de *campus* não está supervisor, mas líder do culto Videira *Kids*, e a responsabilidade do culto está sobre ele. Então, ele gerencia para ver se o *check-in* está acontecendo, se existem voluntários nas salas, se existe a necessidade de falar com algum pai etc. Ele tem o objetivo de fazer com que o culto do *Kids* funcione.

Também é responsável por fazer a reunião pré-culto que se inicia quarenta minutos antes do culto *kids* começar, para passar instruções e avisos importantes, relembrar a rotina e as políticas de segurança e orar para finalizar a reunião, e, então, começar o serviço no VK. Em resumo, precisa estar ciente de tudo o que está acontecendo e resolver o que sair do padrão.

Ele também assina o livro de culto do horário *Kids* no qual diz estar ciente de tudo que aconteceu naquele culto.

SUPERVISOR DE LOUVOR

Faz parte da equipe direta do coordenador de *campus* e também da equipe do líder geral de louvor. Serve como um agente que liga toda a área de louvor ao VK. Seguem suas funções:

- Montar as equipes que vão tocar nos cultos;
- Preparar o repertório de músicas para que fique tocando no culto (de acordo com o tema da série *Kids*);
- Criar novas músicas autorais para a equipe de compositores do Videira *Kids*;
- Trazer os *feedbacks* para as reuniões com o coordenador, sendo um elo entre a equipe do Criativo e a liderança geral do *Kids*;
- Montar a equipe com todo o repertório para os eventos do *Kids*, como acampamentos e conferências.

COMUNICADOR

Faz parte de uma equipe seleta de pessoas lideradas pelo coordenador de *campus* junto com o pastor DNA e faz a comunicação do VK por meio de temas de pregações já pré-estabelecidos desde o início do ano.

O comunicador é a voz do *Kids* e colabora para uma atmosfera espiritual e divertida. Por isso, ele tem uma função superimportante. Dada a seriedade da função, é acompanhado mensalmente pelo coordenador de *campus*. Seguem suas funções:

- Comunicar a pregação do VK;
- Realizar momento de inspiração da oferta;
- Realizar a ceia;
- Participar de reunião mensal com o coordenador de *campus* para definir escala de pregação, realizar treinamento e receber *feedback*;
- Participar de reunião mensal com o pastor DNA para montagem do esboço das pregações do mês seguinte.

Bem-vindo à casa

LÍDER DE PRODUÇÃO

O serviço da produção é essencial para o sucesso do culto, pois é responsável por toda a parte de mídia do culto do VK e faz com que toda a programação seja cumprida, evitando atrasos e tempo ocioso.

Precisa ter um domínio básico na ferramenta *ProPresenter*, pois é através dela que todo culto do VK é passado do computador para as TVs, desde as letras das músicas, os versículos, os vídeos, até o som ambiente para os pequenos grupos. Seguem suas funções:

- Seguir e acompanhar a programação durante o culto para que não haja erro no que já está pré-agendado;
- Acompanhar o tempo de pregação, checando para que tudo possa acontecer sem atraso.

VOLUNTÁRIO

O voluntariado é o pulmão do ministério. Os voluntários podem servir aleatoriamente no seu departamento, não precisa que o serviço seja fixo, mas o ideal é que o serviço seja semanal, em um culto. Seguem suas responsabilidades:

- Confirmar seu nome no *Planning Center Service*, após receber o *e-mail* com a escala de seu líder de sala, o qual poderá aceitar ou recusar;
- Usar a blusa de voluntários com a cor específica do *Kids*;
- Estar no espaço *Kids* quarenta minutos antes de o culto começar para *check-in* e reunião do pré-culto.

Semanalmente, cada líder monta sua escala de serviço com base nas confirmações realizadas pelos voluntários no *Planning Center*. O voluntário só está autorizado a servir se tiver aceitado o convite durante a semana. Com isso, há controle de todas as pessoas que servem no VK, aumentando a segurança.

2. INFRAESTRUTURA DO VIDEIRA *KIDS*

ESPAÇO E DIVISÃO DE FAIXAS ETÁRIAS

O espaço precisa ser pensado como um lugar no qual as crianças vêm para a igreja e vivem o seu melhor dia da semana, podem se divertir e aprender a Palavra de Deus de forma atual, como uma realidade.

Nossos espaços são divididos por faixa etária e possuem características específicas delas, proporcionando a cada criança uma experiência de acordo com seu perfil, facilitando a integração e, nosso maior objetivo, permitindo que elas fujam da atmosfera de escola na qual vivem semanalmente.

O espaço do VK é dividido em cinco salas com nomes específicos criados com a intenção de fugir da nomenclatura escolar e trazer mais identidade para cada grupo etário, conforme abaixo:

Divisão de salas por faixa etária *versus* tamanho da igreja	
	IGREJA COM MÉDIA DE 2.000 ADULTOS E 300 CRIANÇAS
NINHO	Crianças de 3 meses que já andam a 1 ano e 11 meses
ARCA	Crianças de 2 anos a 3 anos e 11 meses
REINO	Crianças de 4 anos a 5 anos e 11 meses
SAFÁRI	Crianças de 6 anos a 7 anos e 11 meses
CONNECT	Crianças de 8 anos a 11 anos e 11 meses

Bem-vindo à casa

Divisão de salas por faixa etária *versus* tamanho da igreja	
IGREJA COM MÉDIA DE 1.000 ADULTOS E 150 CRIANÇAS	
NINHO	Crianças de 3 meses a 1 ano e 11 meses
ARCA	Crianças de 2 anos a 3 anos e 11 meses
REINO	Crianças de 4 anos a 5 anos e 11 meses
SAFÁRI	Crianças de 6 anos a 7 anos e 11 meses
CONNECT	Crianças de 8 anos a 11 anos e 11 meses

Divisão de salas por faixa etária *versus* tamanho da igreja	
IGREJA COM MÉDIA DE 500 ADULTOS E 75 CRIANÇAS	
NINHO	Crianças de 3 meses a 1 ano e 11 meses
ARCA	Crianças de 2 anos a 6 anos e 11 meses
REINO	
SAFÁRI	Crianças de 7 anos a 11 anos e 11 meses
CONNECT	

SOM, ILUMINAÇÃO E MÍDIA

Cada sala possui material específico de acordo com suas atividades:

SALA	SOM	ILUMINAÇÃO	MÍDIA	
NINHO	—	—	• 1 TV *smart* 40' com entrada para *pendrive*	—
ARCA	• 1 caixa de P.A. ATTACK VRF 815; • 1 Mesa Yamaha MG12; • 1 Microfone Shure Sm58.	• 4 Parled		• 1 rádio (para comunicação interna da equipe)
REINO/ SAFÁRI	• 2 caixas de P.A. ATTACK VRF 815; • 1 Mesa Yamaha MG12; • 2 Microfones Headset Shure PGX-D; • 1 Microfone Shure Sm58.	• 6 Parled	• 1 computador iMac (Core i7 512 SSD 16gb Memória)	• 1 rádio (para comunicação interna da equipe)
CONNECT	• 2 caixas de P.A. ATTACK VRF 815; • 2 Sub ATTACK VRS 1510A; • 1 Mesa Mr 18 M ds (com roteador e iPad); • 3 Microfones Shure Sm58; • 1 powerplay de 3 canais; • 6 vias de fone (4 para banda e 2 para cantores).	• 6 Parled; • 1 Máquina de fumaça; • 1 Mesa DMX.	• 1 computador iMac (Core i7 512 SSD 16gb Memória); • 2 TVs (32 polegadas com suporte articulado para parede); • 1 Tela de retorno (TV 32 polegadas com suporte).	• 1 rádio (para comunicação interna da equipe)

Bem-vindo à casa

BRINQUEDOS E OUTROS MATERIAIS

Considerando nossa missão, o maior objetivo é fazer com que as crianças encontrem Jesus, amem como Jesus nos ordenou, sirvam como ele nos serviu e se divirtam, pois a diversão faz parte da fase infantil.

Na programação do culto *Kids* existe o pré-culto, que é o tempo inicial de trinta minutos para brincadeiras, a fim de proporcionar melhor experiência dentro das salas, adaptação mais fácil e desenvolvimento de relacionamentos. Intencionalmente, as salas têm um *layout* com muitos brinquedos para que as crianças experimentem esse tempo inicial com muita diversão. Assim, existe a certeza de que o restante do culto será algo leve e divertido.

O Ninho necessita de toda a estrutura para receber bebês com a segurança que os pais precisam para assistirem ao culto enquanto seus filhos têm toda a atenção em nossos cultos do VK. Nessa idade específica, somente mulheres estão autorizadas a servir e precisam ser bem atentas aos cuidados especiais que bebês necessitam. Não há trocadores dentro das salas, pois estes deixam o ambiente com mau cheiro, além de que essa troca é realizada pelos pais; então, os trocadores ficam nos banheiros ou em áreas próximas da sala. É preciso toda a atenção na compra dos brinquedos, pois nessa faixa etária tudo é levado à boca. Semanalmente, todos os brinquedos precisam ser revisados à procura de itens quebrados, bem como limpos com álcool, e os tatames precisam ser lavados. Segue a lista padrão de brinquedos/materiais para a sala Ninho:

Brinquedos/materiais da sala Ninho

- Brinquedos educativos de marcas seguras (ex.: blocos de montar tamanho grande, brinquedos musicais, brinquedos de encaixe);
- Piscina pequena de bolinhas;

- Tapetes interativos;
- Poltrona de amamentar;
- Cadeirinhas vibratórias para bebês;
- Caixas organizadoras para cada tipo de brinquedo;
- Estante para guardar organizadores de brinquedos;
- Sapateira;
- Tatames para cobrir 80% de toda a área;
- Ar-condicionado;
- Grade para porta;
- Janela visor apenas de fora para dentro para que os pais possam ver seus filhos;
- Micro-ondas, pia, cadeira-alimentação (opcional para pais);
- Papel de parede ou pintura decorativa;
- Lixeiras grandes;
- Trocador (na área externa próximo da sala Ninho).

A Arca é dividida em dois ambientes: um ambiente perto da porta que fica para brinquedos e atividades; o outro, para louvor e pregação. Nesse primeiro ambiente, os brinquedos podem estar organizados em cima das mesas e em tapetes, no chão, para se ter muitas opções de brinquedos (ex.: cantinho da cozinha, cantinho dos carrinhos, cantinho dos brinquedos de montar...).
Nessa faixa etária, os voluntários podem ser homens e mulheres que sejam pacientes, dispostos e gostem de crianças dessa idade. Muita atenção na escolha de brinquedos para essa faixa etária, pois as crianças continuam colocando-os na boca. Semanalmente, todos os brinquedos precisam ser revisados à procura de itens quebrados, bem como limpos com álcool, as mesas devem ser higienizadas, os tatames precisam ser lavados. Com esses brinquedos, temos mais facilidade de manter as crianças atentas

na sala e assim deixá-las mais envolvidas em toda programação. Segue a lista padrão de brinquedos/materiais da sala Arca:

Brinquedos/materiais da sala Arca

- Cadeiras infantis com pés de ferro;
- Mesas infantis desmontáveis com pés de ferro;
- Ar-condicionado;
- Grade para porta;
- Papel de parede ou pintura decorativa;
- Palco pequeno de madeira coberto com carpete, com altura máxima de 15 cm;
- Espaço para fantoches;
- Caixas organizadoras para cada tipo de brinquedo;
- Estante para guardar organizadores de brinquedos;
- Tatames para cobrir 50% da área de brinquedos e 80% da área de louvor e pregação;
- Fantasias divertidas;
- Porta-lápis;
- Tapete interativo;
- 2 colchonetes;
- Lixeiras grandes;
- Brinquedos (ex.: centro de diversão 2 em 1 com 60 bolinhas brink+, megablocos, cozinha infantil, mercadinho, frutinhas e comidinhas com velcro, bonecas grandes, carrinho para bonecas, caixa de ferramentas com itens grandes, carrinhos grandes, piscina pequena de bolinhas, brinquedos de encaixe de madeira com peças grandes).

O Reino tem crianças que estão com a imaginação nas alturas. A sala é usada com um só ambiente para o pré-culto e para o momento das atividades, pois na hora do culto *Kids* (louvor, pregação, descobridores, clipe *kids*) elas saem da sala Reino e vão até a sala do Safári. Essa sala precisa de brinquedos que auxiliem a aflorar a curiosidade e despertar a imaginação para que eles vivam o melhor momento durante o culto. Já existem alguns brinquedos menores. O voluntariado continua misto, permitindo homens e mulheres servirem. Semanalmente, os tatames precisam ser lavados, as mesas devem ser higienizadas e os brinquedos revisados à procura de itens quebrados. Segue a lista padrão de brinquedos/materiais da sala Reino:

Brinquedos/materiais da sala Reino

- Cadeiras infantis com pés de ferro;
- Mesas infantis desmontáveis com pés de ferro;
- Ar-condicionado;
- Grade para porta;
- Papel de parede ou pintura decorativa;
- Caixas organizadoras para cada tipo de brinquedo;
- Estante para guardar organizadores de brinquedos;
- Porta-lápis;
- Tatames para cobrir 50% da área;
- Lixeiras grandes;
- Fantasias divertidas;
- Brinquedos (ex.: Barbies e roupinhas, casa de boneca, itens de casa, utensílios de cozinha, comidinhas, dinossauros tamanho médio e grande, pista de carrinhos, carrinhos, ferramentas, aviões, brinquedos de madeira, brinquedos de montar).

O Safári possui crianças muito aventureiras. Os brinquedos devem despertar nelas a vontade de criar e de se conectar com outras

Bem-vindo à casa

crianças para que possam brincar e, depois, aproveitar o máximo do culto. No Safári fica toda a estrutura de palco e som, para ser realizado o culto *Kids* e receber as crianças do Reino. Não é necessário dividir a sala em dois ambientes, tendo em vista que as crianças são maiores. Os voluntários são mistos, permitindo homens e mulheres servirem. Segue a lista padrão de brinquedos/materiais da sala Safári:

Brinquedos/materiais da sala Safári

- Cadeiras infantis com pés de ferro;
- Mesas infantis desmontáveis com pés de ferro;
- Ar-condicionado;
- Grade para porta;
- Papel de parede ou pintura decorativa;
- Caixas organizadoras para cada tipo de brinquedo;
- Estante para guardar organizadores de brinquedos;
- Porta-lápis;
- Lixeiras grandes;
- Palco de madeira coberto com carpete, com altura máxima de 15 cm;
- Brinquedos (ex.: Barbies e roupinhas, casa de boneca, itens de casa, utensílios de cozinha, comidinhas, dinossauros de tamanho pequeno e médio, pista de carrinhos, carrinhos, ferramentas, aviões, Lego, Twister, brinquedos de montar).

O *Connect* tem crianças maiores que gostam mais de se conectar com outras e estar em rodas de amigos. Existem brinquedos que vão gerar essa união e fazê-las se sentir em comunidade, para aproveitar o culto ao máximo e, ainda assim, fazer novas amizades em um ambiente saudável. No mesmo ambiente, contemplamos o palco, que recebe a banda completa para o louvor no culto *Kids*. Os voluntários são mistos, permitindo homens e mulheres servirem. Segue a lista padrão de brinquedos/materiais da sala *Connect*:

Brinquedos/materiais da sala Connect

- Mesas infantis desmontáveis com pés de ferro;
- Ar-condicionado;
- Papel de parede ou pintura decorativa;
- Caixas organizadoras para cada tipo de brinquedo;
- Estante para guardar organizadores de brinquedos;
- Porta-lápis;
- Lixeiras grandes;
- Palco de madeira coberto com carpete, altura máxima de 25 cm;
- Brinquedos (ex.: Barbies e roupinhas, Uno/Cancan, Jenga, Simon).

PALCO E APOIO DE SALA

No Videira *Kids*, cada criança recebe o melhor de Deus para a sua vida. Elas não estão ali apenas para mero entretenimento ou diversão. Cada detalhe é pensado para que, no final, a criança possa sair dali tendo vivido uma experiência com Deus. Para isso acontecer, é necessária uma mudança intencional no formato de cada sala e também na forma pela qual o ministério infantil é visto na igreja. Pensando nisso, as salas recebem palco e som, pois dá uma sensação de estarem em uma igreja e desmistifica que ali é uma escola. Em cada sala de culto (Arca, Safári e *Connect*) é colocado um palco e uma mesinha para o louvor e a pregação. A mesinha é útil durante a pregação para que o pregador possa utilizá-la para melhor se comunicar.

Os objetos de apoio ajudam na organização das salas. Cada sala deve ter um armário/estante para que brinquedos e itens pessoais das crianças possam ser guardados, pois a organização ajuda as próprias crianças se sentirem bem e se considerarem importantes naquele lugar.

Para alguns, tudo isso pode parecer desnecessário, porém traz mudanças gigantescas em cada sala. As crianças precisam entender que não estão na escola, e os pais precisam saber que não estão deixando seus filhos em uma creche. Quando esses dois pensamentos estão alinhados, exerce-se uma grande força para o alcance de crianças para Jesus.

MATERIAL VISUAL

Cada sala possui o seu material visual, que consiste em decoração, *banners* e pintura. Uma sala de crianças sem material visual infantil não vai agradá-las ou atraí-las, por isso as cores são importantes. A criança é muito visual e é preciso trazê-la para perto daquilo que se deseja que ela tenha. Toda sala precisa ter uma comunicação, um *banner* para identificar o lugar. Esses *banners* podem ser dentro ou fora da sala, para que elas possam saber de qual grupo etário fazem parte. Cada bandeira, *banner* ou pintura precisa comunicar a mensagem de onde ela está.

Além do material da sala, é utilizado material visual para comunicação em todas as pregações. Existem *backgrounds* (BGs) nas televisões. É preciso fazer as crianças olharem e entenderem o que está sendo pregado no culto.

O material visual é imprescindível para que o ministério infantil tenha mais alcance.

ÁREA DA FAMÍLIA

O bem-estar de cada família sempre será uma das prioridades de qualquer ministério de criança. Pensar em proporcionar um ambiente que traz alegria, diversão e segurança para toda a família é pensar em um lugar no qual as famílias também podem estar juntas com seus filhos, num ambiente de relacionamento e cuidado. A área da família tem a proposta de proporcionar um momento extra para os pais e as famílias durante os cultos. Na área da família, a ideia é que a experiência do culto não precisa se limitar ao culto apenas, pois os pais podem chegar um pouco mais cedo, deixar os filhos brincando aos seus próprios cuidados, se sentar, conversar, comer e se divertir. Ao final do culto, os pais podem ficar um pouco mais.

A área da família precisa ter mesas com cadeiras para que a proposta aconteça. Nessa área também não pode faltar diversão: brinquedos, cama elástica, pintura de rosto, infláveis e escorregadores.

CHECK-IN

O *check-in* tem a função de organizar e trazer segurança para cada criança que está no culto infantil. Esse local precisa ter fácil acesso, ser bem sinalizado e chamativo e ter uma área ampla para possíveis filas. Com o *check-in*, existe segurança tanto para a igreja como para os pais.

O *check-in* deve ser a primeira ação a ser tomada antes de a criança entrar em qualquer sala. Assim, tudo fica mais fácil. Cada criança precisa estar acompanhada dos pais ou responsável e, após checagem, recebem (pai/responsável e filho) do voluntário uma identificação que permite a comunicação do ministério com o pai ou responsável, se necessário. As pulseiras utilizadas no pai/responsável e filho têm o mesmo código, deve conter o nome da criança, a idade, o contato do pai ou responsável e informações extras como alergias ou necessidades especiais. Com esse controle, em caso de emergência, é possível realizar uma comunicação com os pais com maior precisão e rapidez. O uso do código para pais e crianças serve também para a segurança da criança, quando, ao final do culto, os pais forem buscá-las nas salas do *Kids*. A conferência desse código é muito importante e é entendida como prioridade por parte de cada voluntário, não permitindo a saída de uma criança sem essa conferência.

BANHEIRO E ÁGUA

Uma das coisas mais levadas em consideração no VK é a segurança da criança. Por isso, a saída das crianças das salas durante os cultos precisa ser apenas quando extremamente necessária. No *check-in*, os voluntários devem instruir os pais para levarem as crianças ao banheiro e dar água para elas antes de colocá-las nas salas. Mas sabemos que são duas necessidades básicas e, com isso, os banheiros e bebedouros estão em áreas próximas das salas. O bebedouro não é utilizado nas salas, pois isso gera descontrole. O assunto banheiros é bem importante. Por isso, precisam estar próximos das salas, principalmente da Arca e do Reino. O ideal é que na área de Kids tenha três banheiros: um para meninos, outro para meninas e o último para adultos. Caso não seja possível, precisa ser separado um boxe nos banheiros de adultos para uso exclusivo das crianças.

Com essa divisão, diminuímos muito o número de crianças que se expõem ao banheiro com algum adulto desconhecido, trazendo maior proteção para o ministério e para as crianças.

Igrejas com 2.000 lugares precisam de banheiros infantis com três boxes; igrejas de 1.000 lugares, dois boxes; igrejas de 500 lugares, um boxe apenas.

Existe uma regra de não levar crianças para o banheiro se estiver apenas um voluntário com ela. Não importa a quantidade de crianças, elas só poderão sair para o banheiro acompanhadas de dois voluntários. Ao chegar ao banheiro, um voluntário entra para checar se está vazio, enquanto o outro aguarda fora com as crianças. Após a checagem, os voluntários ficam do lado de fora e organizam a entrada das crianças ao banheiro, uma criança por vez. Durante esse tempo, nenhum adulto pode entrar no banheiro e, de fora dele, o voluntário controla o tempo de cada criança lá. Caso a criança precise de suporte, um dos voluntários a auxilia, evitando qualquer tipo de toque físico nela, e o outro observa a conduta dele.

3. ENSINO DO VIDEIRA *KIDS*

PREGAÇÕES

Um dos assuntos mais discutidos e observados dentro do VK são as pregações. Por isso, existe um processo de criação e desenvolvimento das pregações antes de chegarem às crianças, tudo é pensado com detalhe. Toda parte teológica e lúdica é vista com bastante antecedência para que haja tempo hábil de correção, na hipótese de algo equivocado.

Primeiramente, é feito um planejamento anual. Anualmente, no mês de novembro, a equipe dos líderes principais se reúne para pensar e criar as séries que serão pregadas no ano seguinte. Dentro desse planejamento, três coisas principais são exigidas: o assunto da série, o nome da série e o tempo de duração. Geralmente as séries produzidas no Videira Kids têm duração de dois meses.

Nos planejamentos são criadas as séries, com três distinções: para o *Connect*, o Safári e o Reino; para a Arca; e para os cultos de quarta-feira. Após o término disso, inicia-se a construção do esboço de cada uma delas.

Mensalmente, a equipe de comunicadores se reúne para definir o que é necessário para o esboço. Nessas reuniões, três coisas são definidas: o tema das pregações durante cada semana do mês; três objetivos a serem alcançados; e o alvo da pregação, que é a parte mais importante. Nessas reuniões, já se discutem mensagens que serão utilizadas dois meses à frente, no intuito de ter tempo hábil para correções, além de permitir que o time do Criativo defina os elementos da pregação.

Quando se tem todas as informações da série, elas são encaminhadas para a equipe de escritores, que escrevem as pregações no formato de esboço que o Videira *Kids* trabalha. As pregações são de apenas um tópico, para facilitar que a criança o memorize. Por isso, as pregações são compostas de: introdução, desenvolvimento e objetivo do alvo.

Após a finalização do esboço das pregações, estas passam por correção teológica e ortográfica e vão para o Criativo desenvolver os materiais lúdicos, assim como os BGs (imagens) e o repertório de louvores para o culto em que a pregação será ministrada.

Bem-vindo à casa

PEQUENOS GRUPOS E ATIVIDADES DE FIXAÇÃO

Os pequenos grupos acontecem durante os cultos do VK, após a pregação, e são exclusivos para a faixa etária do Safári e do *Connect*. Acontecem com um voluntário adulto facilitando o momento e um grupo de crianças sentadas em roda, no chão. Tem o intuito de gerar uma discussão sobre aquilo que foi pregado. O assunto dos pequenos grupos é escrito junto com as pregações e possui uma introdução e três perguntas para serem respondidas junto com as crianças. Outra função dos pequenos grupos é a repetição. Quanto mais repetirmos o que foi pregado, maior será a aprendizagem.

As atividades de fixação são exclusivas para a faixa etária da Arca, do Reino e do Safári. Elas são atividades manuais para a fixação do tema; a criança colore, recorta ou faz outra atividade. Elas são entregues para as crianças após a pregação e realizadas nas mesinhas. Servem de ferramenta para os pais acompanharem o conteúdo ensinado no culto, e no cabeçalho da atividade consta o tema do dia, o alvo da semana e o versículo-base.

GRUPO DE CRESCIMENTO (GC)

Grupos de Crescimento são exclusivos para a faixa etária do *Connect*. Eles têm a função de trazer conhecimento bíblico e maior relacionamento entre as crianças. São divididos em femininos e masculinos, têm líderes adultos homens para GCs masculinos e líderes adultas para GCs femininos. Cada GC de criança possui pelo menos dez crianças e dois líderes adultos. O intuito do GC é acontecer em um momento fora do culto de domingo. Por isso, os GCs acontecem aos sábados e devem acontecer na casa dos pais de uma criança, fazendo um rodízio dentre eles. Diferentemente dos GCs de adultos, os estudos acontecem quinzenalmente, alternando com GC de convivência.

Os estudos dos GCs de crianças são escritos baseados nas séries que as crianças estão recebendo na igreja, por isso não é usado o estudo que a igreja utiliza nos grupos de crescimento dos outros ministérios. Todo GC é compartilhado pelo líder e, ao final, há um momento de oração, e muita diversão do início ao fim.

O envio dos estudos é realizado pelo VK de forma *on-line* para os líderes de GC. A organização de liderança do GC *Kids* é basicamente igual ao de adultos da igreja, tendo líderes de GC, supervisores de GC e coordenadores pastorais. Todos os líderes de GC participam de GCs quinzenais com seus supervisores e são encorajados a participar como membros de um GC da sua faixa etária. O líder de GC precisa ser maior de idade, podendo fazer parte de algum dos ministérios: A13 uni, Inspire ou Somos Um.

LÍDER JÚNIOR

É um programa de liderança que tem a duração de dez meses e público-alvo de crianças na faixa etária de 10 a 11 anos, ativas em GCs e indicadas pelo seu líder de GC. Nesse programa, a interação entre pai, filho e igreja é um dos principais objetivos e, a partir dele, a criança começa a servir no Videira *Kids*.

Cada criança recebe dois manuais: um manual para casa e outro para a igreja. Em casa, a criança tem metas e objetivos baseados nos assuntos de liderança tratados no curso. Cada criança é desafiada a ler um devocional e a cumprir todas as metas com a ajuda de seus pais. Na igreja, a criança tem o auxílio do mentor, que estará à disposição dela, ajudando-a nas metas da igreja e também conduzindo-a a um *feedback*.

A função da criança na igreja é servir e, através disso, começar a crescer nas áreas de liderança que o curso oferece. No decorrer dos dez meses, é visível o crescimento e o aprendizado de cada criança. Todos ganham quando uma criança aprende mais sobre liderança.

Manual
Faça Sua Parte — FSP

1. IDENTIDADE

QUEM SOMOS

A CCVideira surgiu com a visão de ser uma igreja relevante, feita de pessoas para alcançar pessoas. Um local no qual cada um se sente livre e bem recebido, cada membro conhece mais sobre Jesus e o torna conhecido através da sua própria vida.

Com isso, acreditamos que Deus está nos chamando para fazermos muito mais! Sonhamos em alcançar mais vidas para Deus, resgatar a esperança de milhares de pessoas. Para isso, nasceu a jornada "Faça Sua Parte".

A jornada não é sobre prédios, sobre adquirir bens ou equipamentos, mas sobre o sacrifício por esta causa: ver mais pessoas plantadas na casa de Deus.

O "Faça Sua Parte" conta com você, com a sua oração, o seu jejum e o seu envolvimento, seja servindo, seja doando seus dons, seus talentos e os seus recursos, para o único sentido de ser igreja: ver vidas transformadas. Por isso, contamos com as suas orações, a sua fé, o seu sacrifício e o seu compromisso para realizarmos esses sonhos juntos.

2. DÚVIDAS FREQUENTES

POR QUE ME ENVOLVER NESSA JORNADA?

Essa jornada é sobre ver vidas transformadas e fazer o Reino de Deus se expandir através da igreja. Cremos que Deus chamou todos nós para sermos participantes e cooperadores do seu Reino. Você foi chamado para viver essa promessa também.

COMO POSSO FAZER A MINHA PARTE?

Queremos que você primeiramente ore e deixe Deus falar ao seu coração. Em segundo lugar, você deve avaliar, de forma consciente, o valor possível para realizar seu compromisso mensal pelos próximos doze meses em que irá honrá-lo até o fim.

COMO SERÁ A FORMA DE PAGAMENTO DO MEU COMPROMISSO?

Você pode honrar seu compromisso, mensalmente, das seguintes formas:

☐ Cartão de crédito, débito ou em espécie: utilizando os envelopes na igreja e se identificando neles;

☐ Boleto bancário: solicitando através dos *e-mails:* facasuaparte@ccvideira.com.br (*Campus:* Sul, Centro, Santos Dumont, Brasília e Recife) ou facasuapartenatal@ccvideira. com.br (*Campus:* Capim Macio e Via Costeira);

☐ Assinatura *on-line*: no PagSeguro pelo *site* ccvideira.com.br/facasuaparte;

☐ Transferência ou depósito bancário, identificando com o dígito:

   o *Campus* Brasília — 0,96;

   o *Campus* Capim Macio — 0,92;

- o *Campus* Centro — 0,94;
- o *Campus* Recife — 0,97;
- o *Campus* Santos Dumont — 0,95;
- o *Campus* Sul — 0,99;
- o *Campus* Via Costeira — 0,93;

A CONTRIBUIÇÃO COM A JORNADA JÁ INCLUI MEU DÍZIMO E MINHA OFERTA?

A sua contribuição com a jornada independe dos seus dízimos e ofertas, ou seja, são duas coisas distintas. O valor que você vai contribuir na jornada é diferente dos seus dízimos e ofertas. A jornada "Faça Sua Parte" sonha especificamente com a expansão do Reino de Deus; já dízimos e ofertas são destinados para a manutenção da casa de Deus.

POR QUE ESSA JORNADA É NECESSÁRIA SE A IGREJA JÁ RECEBE DÍZIMOS?

Entendemos que somos uma igreja grande e que os nossos sonhos são, e sempre serão, mais do que os nossos recursos atuais. Onde queremos chegar e o que queremos alcançar é algo grande, de forma que exige um sacrifício maior da nossa igreja como corpo. Atualmente, os dízimos e as ofertas conseguem suprir todas as despesas fixas, mas essa jornada se trata de "alargar as tendas", fazer o que ninguém está fazendo, alcançar aqueles que ninguém ainda alcançou, por isso contamos com o seu "sacrifício" individual.

TIRANDO OUTRAS DÚVIDAS

Qualquer pessoa pode participar da Jornada, sendo membro ou não da CCVideira.

Seu compromisso e seus dados serão confidenciais.

Você começa a pagar no ato da realização do seu compromisso.

O compromisso é individual, não familiar, ou seja, filhos, esposo e esposa deverão participar com valores individuais, cada um honrando seu compromisso e seu sacrifício.

OUTRAS INFORMAÇÕES

Não esqueça! Você precisa se identificar corretamente, pois sem a identificação não computamos a sua contribuição:

Use o dígito correspondente ao local do qual você participa: Sul — 0,99; Santos Dumont — 0,95; Centro — 0,94; Capim Macio — 0,92; Via Costeira — 0,93; Brasília — 0,96; Recife — 0,97 (ex.: se seu compromisso são de R$ 100,00, você usará R$100,99 se participar da CCVideira Sul).

Coloque seus dados (seja na identificação do comprovante de transferência, depósito, seja no envelope do "Faça Sua Parte").

Use o envelope e marque com um "x" o campo "FAÇA SUA PARTE"; ou envie o comprovante de transferência/depósito por *e-mail* ou *WhatsApp*.

Manual
Ame Seu Vizinho
O AMOR COLOCADO EM PRÁTICA

A AÇÃO AME SEU VIZINHO

"Ame Seu Vizinho" (ASV) é uma ação do Instituto Vida Videira (IVV) que conta com o apoio da Comunidade Cristã Videira (CCVideira) e de voluntários das cidades de Fortaleza, Recife, Natal e Brasília.

A ação ASV reforma casas, instituições e igrejas; revitaliza ruas em comunidade; faz atividades recreativas; entrega doações; faz atendimentos médicos, jurídicos e odontológicos; além de fazer ação nos presídios com entrega de *kits* de higiene pessoal e de Bíblias, com ministração da Palavra de Deus, louvor e oração.

Arquitetos, *designers*, engenheiros, empresários, prestadores de serviço e fornecedores se unem de forma totalmente voluntária para proporcionar uma grande transformação da sociedade.

Durante o mês em que a ação irá acontecer, a CCVideira prepara uma série de mensagens também chamada "Ame Seu Vizinho", a ser ministrada durante os cultos aos domingos, em todos os seus *campi*. Nesse período, também acontece a arrecadação de recursos para a ação (materiais de construção, alimentos, roupas, brinquedos, dinheiro etc.).

Além disso, durante a semana da ação, os ministérios da CCVideira se envolvem realizando atividades como palavras de encorajamento em escolas públicas e privadas, praças e *shoppings*; limpeza de praias e conscientização sobre o meio ambiente; doação de sopa e cobertor para moradores de rua; visitas em hospitais. A revitalização de instituições, casas e igrejas (reforma, pintura, limpeza e decoração) também começa a acontecer durante a semana da ação para que esteja pronta no dia da ação.

A escolha dos líderes envolvidos na ação ASV deve seguir as orientações abaixo:

- Evitar que seja líder ou supervisor de GC — entendemos que os líderes precisam estar focados em estimular seus liderados.

- Ter postura e cultura — pessoas que tenham a cultura e o DNA da nossa igreja muito bem alinhados, pois irão representar a igreja através da excelência no servir.

- Ser líder maduro na fé — selecionar pessoas com perfil de líder, que tenham um tempo de caminhada com Cristo.

- Ter experiência em ação — preferência por líderes que tenham participado de alguma versão do Ame Seu Vizinho e que entendam a cultura e o objetivo da ação.

- Ser focado na instituição, não no Grupo de Crescimento (GC) — deixe ciente, no momento do convite, que o líder do ASV pode não servir junto ao GC e que, antes de servir ao GC, ele serve à igreja. Incentive-o a comunicar ao líder do GC que ele estará em outra posição no ASV.

- Ser líder exemplo — o trabalho do líder começa antes e acaba depois de todos, ou seja, não é porque acabou a ação que o trabalho terminou. Foque que o líder precisa ter a certeza de que tudo foi concluído com sucesso. Existem dados que necessariamente precisam ser entregues no mesmo dia, materiais que precisam ser guardados e pessoas que necessitam voltar para casa ou igreja.

DESCRITIVO DOS PAPÉIS

A ação ASV é desenvolvida por meio de pessoas que têm seus papéis bem definidos, conforme abaixo:

VOLUNTÁRIO DNA

Seguem suas funções:

- Criar formulário na plataforma do *Planning Center Service* com termo de compromisso;
- Criar carta de autorização para participação de menor;
- Criar declaração de serviço para quem solicitar (de acordo com modelo padrão);
- Determinar se haverá e como será o *check-in*;
- Comprar as blusas da ação.

LÍDER DE VOLUNTÁRIOS DO *CAMPUS*

Seguem suas funções:

- Gerenciar a inscrição e a distribuição dos voluntários nas instituições junto com o líder social/ação e o líder de eventos;
- Garantir que as autorizações sejam assinadas pelos pais ou responsáveis do menor;
- Promover a reunião geral de treinamento de voluntários do *campus*;
- Disponibilizar a declaração de serviço para quem solicitar;
- Fazer levantamento da quantidade de blusas a serem compradas;
- Garantir que os profissionais voluntários estarão alocados nas instituições corretas.

MARKETING DNA

Sua função é criar descritivo padrão de cada área da comunicação das instituições. É formado pelas seguintes áreas:

- Assessoria de imprensa: é responsável por fazer contato com rádio e TV, e criar matéria para jornais impressos e digitais.

- Vídeo:

    o Filmagem: é responsável por criar roteiro de gravação nas instituições com pastores de *campus* e líder social/ação do *campus*; garantir que terá equipe de filmagem em cada instituição; e treinar as respectivas equipes.

    o Edição de vídeo: é responsável por fazer vídeo de propaganda com depoimento de quem já foi beneficiado nas edições anteriores do ASV para passar no momento do Generosidade; fazer vídeo de propaganda para o engajamento de voluntários; fazer vídeo final da ação com imagens e números de todos os *campi* (pegar imagens com a comunicação dos *campi*); criar QG de edição no dia da ação; e lançar ação da Compassion.

- Social *media*:

    o Fotografia: é responsável por garantir que haverá um fotógrafo treinado em cada *campus*; ver as restrições de como fotografar em cada instituição (o que é permitido ou não); ter editores para as fotos; ter pessoas para postar o conteúdo do ASV antes, durante e depois da ação, em todos os *campi*, seguindo a identidade visual da ação; criar *banners* para a ação, que serão usados em todos os *campi*.

- *Branding* (*Design*): é responsável por criar a identidade visual do ASV; disponibilizar as artes aos *campi*; e criar a arte da camisa que será utilizada na ação.

MARKETING DA CIDADE

É formado pelas seguintes áreas:

- Assessoria de imprensa: é responsável por fazer contato com rádio e TV local; criar matéria para jornais impressos e digitais; criar roteiro de reportagens.

- Vídeo:

  o Filmagem: é responsável por criar roteiro de gravação nas instituições com pastores de *campus* e líder social/ação do *campus*; garantir que terá equipe de filmagem em cada instituição; treinar as equipes; enviar material captado à equipe DNA de vídeo.

- Social *media*:

  o Fotografia: é responsável por garantir que haverá um fotógrafo treinado em cada instituição; seguir as restrições de como fotografar na instituição (o que é permitido ou não); ter editores para as fotos; ter pessoas para postar o conteúdo do ASV antes, durante e depois da ação em todos os *campi*, seguindo a identidade visual da ação.

LÍDER DE EVENTOS DO *CAMPUS*

Tem as seguintes funções:

- Criar equipes de eventos;
- Gerenciar caronas e ônibus para voluntários;
- Gerenciar materiais do *campus*;
- Gerenciar a solicitação de recursos por instituição;
- Gerenciar as doações de materiais diretamente às instituições;
- Criar roteiro do pastor do *campus*;

- Criar cronograma de reportagens junto com o líder de *marketing* e garantir as demandas necessárias para que as reportagens sejam atendidas;
- Alocar, junto com o líder de voluntários, as equipes do Criativo: Artes; Dança; Teatro; Criativo *Kids*.
- Realizar comunicação nas instituições;
- Auditar os ofícios (QG de Eventos);
- Envolver equipe da coordenação de culto na equipe de Eventos;
- Criar centro de consultores do *campus*: centro de engenharia e centro de saúde.

LÍDER DE EVENTOS DA INSTITUIÇÃO

Tem as seguintes funções:

- Dar total suporte ao líder da instituição "servindo a quem vai servir", organizando caronas, materiais, logística operacional, lista e *check-in* de voluntários;
- Dar suporte à equipe de Louvor/Dança, à carga e descarga de doações e demais operações necessárias, para que tudo funcione perfeitamente no dia do evento.

LÍDER SOCIAL/AÇÃO

Esse líder precisa ter amor por pessoas e ter graça para o social, ser uma pessoa capaz de agregar. Tem as seguintes funções:

- Levantar equipe social do *campus* (com colíderes, de acordo com a necessidade);
- Escolher instituições para o *campus* atuar e levantar as necessidades;
- Promover a reunião para escolha dos líderes de instituição (priorizando casais e adultos, que não sejam coordenadores pastorais e ministeriais para não sobrecarregá-los);

- Coordenar e treinar os líderes de instituições;
- Disponibilizar ofícios e termos de parceria com as instituições;
- Aprovar o que será realizado em cada instituição;
- Supervisionar as ações em cada instituição junto com sua equipe;
- Preencher *checklist* da ação *on-line*;
- Criar pesquisa de satisfação *on-line* com os gestores das instituições;
- Passar para o coordenador social, no final da ação, os números da ação.

LÍDER DAS INSTITUIÇÕES

Esse líder precisa ter amor por pessoas e ter graça para o social, ser uma pessoa capaz de agregar. Tem as seguintes funções:

- Visitar a instituição pela qual é responsável;
- Levantar as necessidades baseando-se no levantamento feito pelo líder social/ação;
- Agregar voluntariado (levantar as necessidades e as quantidades necessárias);
- Solicitar ao líder de voluntários os voluntários para a sua instituição;
- Levantar e realizar reunião com a sua equipe direta. Segue a sugestão de equipe:
    o Recursos — cuida do financeiro, gerencia os materiais e presta contas entregando as notas fiscais;
    o Eventos — logística de materiais, logística de pessoas etc.;
    o Comunicação — social *media*, fotógrafo e *filmaker*;
- Levantar doações;
- Criar a programação da ação na instituição.

PASTORES DE CAMPUS

Para o ASV, os pastores de *campus* têm as seguintes funções:

- Promover reunião periódica com a liderança geral do *campus*: líder social/ação, líder de voluntários, líder de eventos e representante ministerial do *campus*;
- Escolher os pregadores das instituições e orientá-los para pregarem naquele ambiente;
- Estar presente nas ações dos presídios;
- Cobrir o evento espiritualmente;
- Promover a interação dos ministérios e das coordenações pastorais na ação;
- Divulgar as ações nas redes sociais e conseguir o máximo de parceria possível.

REGRAS GERAIS DA AÇÃO

A ação possui regras bem estabelecidas que devem ser seguidas para seu bom andamento:

- Só reformar casa de pessoas vinculadas às instituições;
- Evitar o ato de "pedir dinheiro". As doações, de preferência, devem ser de serviço, amor, material etc.;
- Só reformar igrejas que tenham algum projeto social;
- O voluntário deve estar identificado no dia da ação.

e-mail: costaneto@ccvideira.com.br
instagram: /costaneto
fone: +55 85 3878-0100

Esta obra foi composta em *Arno Pro*
e impressa por Gráfica Exklusiva sobre papel
Offset 70 g/m² para Editora Vida.